Le jeu des monuments

Spielregeln:

1. *Bildet Vierergruppen. Ein Schüler der Gruppe übernimmt die Rolle des Spielleiters.*
2. *Schneidet für jedes Gruppenmitglied 15 weiße Papiervierecke aus. Größe 3 cm x 3 cm.*
Erfindet euer persönliches Zeichen, malt es auf alle eure Vierecke. Passt gut auf die Vierecke auf.
Ihr könnt sie immer wieder bei diesem Spiel verwenden. Am besten, ihr klebt sie auf Pappe.
Sie sind eure persönlichen Spielmarken.

La Défense 1

le Stade de France 2

le Sacré-Cœur 3

la gare de l'Est 4

la Géode 5

l'Arc de triomphe 6

le parc des Batignolles 7

le Palais de l'Elysée 8

la place de la Concorde 9

le Louvre 10

le Bois de Boulogne 11

la tour Eiffel 12

les Champs-Elysées 13

le Centre Pompidou 14

Notre-Dame 15

les quais de la Seine 16

la tour Montparnasse 17

le jardin du Luxembourg 18

la place de la Bastille 19

la gare de Lyon 20

3. *Entscheidet durch Würfeln, welcher Spieler beginnt. Er ruft die Nummer eines „monument" auf.*
Der Spielleiter liest auf Seite 2 die Aufgabe vor, die zur Nummer gehört. Er kontrolliert die Antwort mit den Lösungen auf S. 109. Ist die Antwort korrekt, belegt der Spieler das Foto mit einer seiner Spielmarken.
Im Uhrzeigersinn ruft nun der nächste Mitspieler ein Feld auf.
4. *Schafft ein Mitspieler es, drei nebeneinanderliegende Fotos in der Horizontalen, Vertikalen oder Diagonalen zu belegen, erhält er zwei Zusatzpunkte, d. h., dass er auf das zuletzt belegte Feld drei seiner Spielmarken legen darf.*
5. *Gewonnen hat, wer die meisten Spielmarken platzieren konnte, wenn alle Fotos belegt sind.*

Sich auf Französisch verständigen | *Hier und dort* | *Gewusst, wie …*

Le jeu des monuments

Achtung Spielleiter! *Stelle immer zunächst die Aufgabe* **A**. *Wird die Frage nicht korrekt beantwortet und wird das Feld von einem anderen Spieler erneut aufgerufen, kannst du die Aufgabe* **B** *stellen. Wenn du unsicher bist, ob du eine Antwort akzeptieren sollst, frage deine Lehrerin oder deinen Lehrer.*

	A	B
1	Welche Wörter gehören **nicht** zum Thema **„Schule"**? *crayon – gomme – client – stylo – train – chambre – récréation*	Wie sagst du auf Französisch? *Wie geht's? / Komm! / Das ist zu blöd! / Ach ja?*
2	Wie begrüßt man auf Französisch eine Dame, einen Herrn, die oder den man nicht kennt?	Mit welcher Geste begrüßen sich in Frankreich Verwandte und gute Bekannte / Freunde?
3	Nenne 6 Kleidungsstücke auf Französisch. Benutze den unbestimmten Artikel *un, une*.	Nenne 3 Sportarten auf Französisch mit dem bestimmten Artikel.
4	Welche Tiere helfen, den Unterschied zwischen dem stimmhaften und dem stimmlosen „s" zu zeigen? Beim stimmlosen „s" zische ich wie eine ? Beim stimmhaften „s" summe ich wie eine ?	Wo kannst du nachschauen, wenn du nicht mehr weißt, wie ein Wort ausgesprochen wird? Welche Zeichen erklären die Aussprache?
5	Nenne die feminine Form folgender Adjektive: *vert, mauvais, dernier, long.*	Welches sind die französischen Entsprechungen für: *grau – grün – weiß – blau – gelb – rot – schwarz?* Nenne die maskuline Form.
6	Wann feiern die Franzosen ihren Nationalfeiertag und was feiern sie?	An welchem großen Fluss liegen Frankreich und Deutschland gemeinsam?
7	Wie sagst du auf Französisch? *rechts – links – geradeaus – bei Marie*	Wie sagst du auf Französisch? *Pst! / Vorsicht! / Aua! / Mist!*
8	Wie nennt man in einem Text die Wörter, die für den Inhalt wichtiger sind als andere? Sie heißen auf Französisch *les mots-…*	Welche Farben wurden verwendet, um das Geschlecht der französischen Nomen zu kennzeichnen? Maskulin = ?, feminin = ?
9	Wie sagst du auf Französisch? *Na ja! / Einverstanden! / Na klar!*	Antworte auf die Frage: *Tu as quel âge?*
10	Ein Franzose sagt: *Dans mon appartement, il y a deux chambres.* Hat er eine Wohnung mit nur zwei Zimmern? Erkläre.	Wie melden sich Franzosen am Telefon?
11	Du willst fragen, wie das Wetter in Toulouse ist. Wie fragst du?	Du willst sagen, dass das Wetter schön ist. Was sagst du?
12	Nenne drei Möglichkeiten, ein unbekanntes Wort in einem Text zu erschließen.	Was brauchst du beim Dolmetschen nicht zu tun?
13	Du willst fragen, wie viel etwas kostet.	In einem *café* hättest du gerne einen *diabolo menthe*. Du bittest höflich darum.
14	In Deutschland gehst du zunächst in die 5., dann in die 6., dann in die 7. Klasse. Wie ist das auf dem *collège* in Frankreich?	In Deutschland gibt es nach der Grundschule verschiedene Schulformen. Wie ist das in Frankreich?
15	Setze folgenden Satz ins Passé composé: *Nous regardons la télé.*	Antworte verneint auf die folgende Frage: *– Vous avez travaillé? – Non, nous …*
16	Du bist traurig. Was sagst du?	Du willst deinen Freund fragen, wohin er geht.
17	Wie sollte man die Nomen lernen? a) Immer mit einem Verb zusammen b) Immer zusammen mit dem Artikel *(un, une, le, la, l')* c) Immer zusammen mit einem Adjektiv	Wie sollte man die Verben lernen? a) Immer zusammen mit einem Pronomen (z. B. *je, tu*) b) Immer zusammen mit einem Nomen c) Immer zusammen mit der Ergänzung *qc, qn, à qn* (z. B. *parler à qn*)
18	Zähle auf Französisch von 1 bis 10.	Zähle auf Französisch von 11 bis 20.
19	Welches *ou* bekommt einen *accent grave*? Das für „wo" oder das für „oder"?	Welches *sur* bekommt einen *accent circonflexe*? Das für „sicher" oder das für „auf"?
20	Nenne jeweils das Gegenteil von *tôt* und *avant*.	Nenne das Gegenteil von *devant* und *sur*.

Im Internet findet ihr weitere Fragen, mit denen ihr das Spiel spielen könnt.

Mehr dazu
7ag35y

Unter dem Kleeblatt stehen Wendungen. Ergänze sie mit deinen Angaben.
Schreibe dann die kompletten Sätze auf das passende Blatt.
Trage auf das entsprechende Blatt weitere Aussagen ein, die dir wichtig sind.
Aber Vorsicht! *Vier „Eindringlinge" gehören zu einem anderen Thema! Findest du es heraus?*

- Je m'appelle …
- A Paris, il y a … gares.
- Mon école s'appelle …
- J'ai … ans.
- Mon copain / Ma copine s'appelle …
- Dans ma classe, il y a … élèves.
- Où est la … de l'Est?
- J'ai … heures de cours par semaine.
- Il / Elle (= mon copain / ma copine) aime …
- Quand je suis seul(e), je …
- Le train arrive à … heures 46.
- Le TGV a un retard de … minutes.
- Comme sport, je fais …
- Il / Elle (= mon copain / ma copine) déteste …
- Mon anniversaire, c'est le …
- Nous sommes … personnes dans notre famille.
- Ma matière préférée, c'est …
- J'ai un chien. / Je n'ai pas de chien.
- Comme musique, j'aime écouter …
- J'aime bien mon copain / ma copine parce que …

Au début

1 Je révise mes verbes.

Complète le tableau.

	je/j'	nous	ils	impératif	participe
écouter	écoute	écoutons	écoutent	écoute!	écouté
commencer	commence	commençons	commencent	commence!	commencé
manger	mange	mangeons	mangent	Mange(z)!	mangé
entrer	entre	entrons	entrent	Entre(z)!	entré
aller	allé	allons	vont	Va! Allez!	allé
avoir	ai	avons	ont	Aie!	eu
écrire	écris	écrivons	écrivent	Écris!	écrit
faire	fais	faisons	font	Fais! Faites	~~tiré~~ fait
lire	lire	lison	lisent	Lis!	lu
prendre	prende	prenons	prennent	Prends!	pris
chercher	cherche	cherchons	cherchent	Cherche!	cherché
montrer	montre	montont	montrent	Montre! Montrez	montré
être	suis	sommes	sont	Sois! Soyez	été
mettre	met	mettons	mettent	Mets! Mettez	mis
aider	aide	aidons	aident	Aide! Aidez	aidé

2 Qu'est-ce qu'ils ont fait pendant les vacances?

Ecris ce qu'ils ont fait pendant les vacances.

1. Adrien a nagé dans la piscine.

2. Paul et Christoph ont joué au le foot.

3. Les Mangin ont fait un tour avec le bus.

4. Anne et Laure ont fait ~~du~~ de la musique.

5. Et toi, qu'est-ce que tu as fait pendant les vacances? *(Écris 3 phrases.)*

J'ai été a Berlin avec mes grandparents.
Nous kaufen les vetements.

3 Non, non, non et non!

Réponds aux questions.

1. – Tu joues encore au foot, au collège? – Non, je ne joue pas le ~~tennis~~ au foot au collège.
2. – Vous voulez acheter quelque chose? – Non, merci.
3. – Tu es en forme, aujourd'hui? – Non, je suis triste.
4. – Vassili, tu as encore des devoirs à faire? – Non, j'ai encore pas des devoirs.
5. – Malou est un chien? – Non, Malou est un chat.
6. – Tu aimes le judo? – Non, j'aime le tennis.

4 Machine à phrases

Fais des phrases. (Du musst „à" einsetzen und manchmal die Form des Artikels verändern.)

1. Clara – écrire – un SMS – sa copine
   Clara écrit un SMS à sa copine.
2. Monsieur Pirou – donner – une interview – la radio allemande
   Monsieur Pirou donner à la radio allemande la radio.
3. le professeur – poser – des questions – les élèves
   Les élèves poser des questions à le professeur.
4. nous – demander – l'heure – la dame
   La dame demander nous l'heure.
5. ils – lire – leurs devoirs – les copains
   Les copains lire ils leurs devoirs.

5 Où est mon portable?

Complète le texte.

Magali et Marc sont avec leurs parents dans la librairie-papeterie de leur quartier. Ils veulent acheter ~~des~~ leurs livres et des cahiers pour la rentrée. Sonia prépare déjà sa sac. Mais où sont les livres de français? Elle regarde sur le bureau, sur l' étagères, sous son lit. Enfin, elle demande à sa mère. Mehdi cherche le portable dans la salle de séjour. Pas de portable. «Maman, je ne trouve pas mon portable.» – «Cherche dans ta chambre», dit sa mère.

A vos marques, ...

Un peu d'entraînement

→ Lösungen findest du auf S. 109

STRATEGIE

Diese Seite ist ein Aufwärmtraining für die neue Unité. Du kannst hier wiederholen, was du schon gelernt hast. Kontrolliere dich selbst. Die Lösungen stehen auf S. 109. Du findest diese Seite von nun an vor jeder neuen Unité.

Jeu de mots

1 L'école

Peu avant la fin des vacances, Léo écrit dans son journal. Complète le texte.

Bientôt, l'école va commencer. Tôt le matin, je vais aller au  collège.

Dans la  ____________, je vais retrouver mon  ____________ Mehdi

et mes  ____________ Marie et Alex. C'est sympa! Puis les

 ____________ vont commencer. Dans la  ____________,

le  ____________

va parler aux  ____________. Au revoir, les  ____________!

J'aime bien être au  ____________ et à la  ____________,

mais je n'aime pas les  ____________.

Et j'adore la  ____________!

Ecrire

2 Patrick est grand. Et Patricia?

Décris les jumeaux. (Beschreibe die Zwillinge.)

Patrick est

1. grand,
2. toujours content,
3. sympa,
4. un bon élève et
5. un copain génial.

Patricia est

1. grande,
2. ____________
3. ____________
4. ____________
5. ____________

... prêts,

... partez!

A vos marques, prêts, partez! = Achtung, fertig, los!

Unité 1
Vive la rentrée!

Vis-à-vis

In Frankreich beginnen die Sommerferien nicht so unterschiedlich wie z. B. in Deutschland. August und Juli sind die Monate, in denen (fast) alle Ferien haben: Schulen, viele Betriebe, die Politik, …
Deshalb ist „la rentrée" Anfang September nicht nur der Anfang des neuen Schuljahres, sondern für alle Franzosen der gemeinsame Neustart nach der Sommerpause.

Atelier A

Ecrire

1 La rentrée – c'est comment? (nach SB S.16, Abschnitt 1)

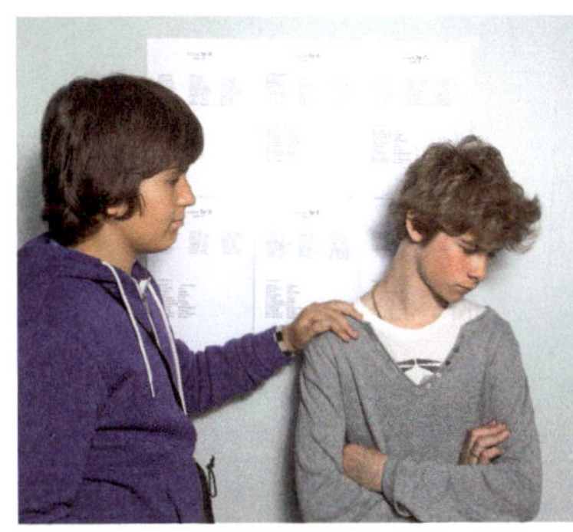

Travaillez à deux. Regardez le dessin et racontez.
Les mots suivants vont vous aider.

Quand? Où? Qui? Quoi?

la rentrée – Mehdi – Léo – la cour – la liste – être en colère – avoir peur – détester – Rousselet – cantine – manger – merci – mi-temps

Commencez comme ça: C'est le jour de la rentrée. … *Continuez dans votre cahier.*

En forme

2 savoir ou connaître … (G 1) (nach SB S.17, Nr. 3)

Complète les dialogues. Utilise les formes de ***savoir*** *ou de* ***connaître****.*

1. – Tu ~~connais~~ sais comment s'appelle le garçon là-bas? – Non, je ne sais pas.
2. – Vous connaisez Madame Bardin? – Oui, nous connaison Mme Bardin, c'est la prof d'anglais.
3. – Vous savez faire vos devoirs d'allemand? – Oui, nous savons faire nos devoirs.
4. – Est-ce que Nathalie ~~connait~~ sait quand nous avons cours de français? – Non, mais demande à Marie et Alex. Elles ~~connaisent~~ savent aussi dans quelle salle on est.
5. – M. Lebreton ~~savent~~ connait Léo et Mehdi? – Oui, il connaît bien ses élèves.
6. – Tu connais le nom du prof de maths? – Non, je ne connais pas son nom, il est nouveau.
7. Est-ce que les élèves connaisent déjà tous les profs? Non, pas encore.

En forme

3 Quel garçon? (G 3) (nach SB S. 18, Nr. 5)

*Complète les questions avec la bonne forme de **quel**.*
*Complète les réponses avec la bonne **préposition**.*

1. – Regarde le garçon, là-bas.

– Quel garçon?

– Le garçon à côté de Marie.

2. – Tu connais la fille, là-bas?

– Quelle fille?

– La fille devant Mme Bardin.

3. – Les livres sont à toi?

– Quels livres?

– Les livres derrière le sac, là-bas.

4. – Tu aimes l'affiche?

– Quelle affiche?

– L'affiche sur la table, là-bas.

5. – Vous prenez les listes?

– Quelles listes?

– Les listes sous les livres.

6. – J'aime bien ton stylo.

– Quel stylo?

– Le stylo à côté de l'ordinateur.

Ecrire

4 Je suis en forme! (nach SB S. 19, Nr. 7)

Après la rentrée, tu écris un courriel à ton copain français / ta copine française.
Tu es en forme? Tu as des problèmes? Pourquoi? Ecris le courriel dans ton cahier.

Objet: La rentrée

Salut ___________,

Aujourd'hui, c'est la rentrée.

____

Atelier B

Approche **5** **«qui» ou «que»?** (G 4) (nach SB S. 20, Nr. 1)

*Complète les phrases. Utilise **qui, que** ou **qu'**.*

1. Marie parle avec Léo qui a l'air triste.
2. Monsieur Lebreton est un professeur que Mehdi trouve sympa.
3. Léo regarde le garçon qui est dans l'entrée.
4. Le nouveau est un garçon que Léo ne connaît pas.
5. Léo parle avec Julien qui a un problème.
6. Les élèves discutent des professeurs qu' ils vont avoir.
7. Mme Bardin est une professeure que les élèves aiment bien.
8. Dans sa classe, il y a des élèves que Mme Bardin connaît déjà.

Joue au détective.
Noch zwei Spezialaufträge:
1. In den Relativsätzen mit ***que / qu'*** muss nach dem Relativpronomen noch ein Subjekt folgen. Markiere diese Subjekte in Rot.
2. Unterstreiche in allen Relativsätzen die Verben.

Approche **6** **La ville où ...** (G 4) (nach SB S. 20, Nr. 2) → En plus S. 15, Nr. 1 △

STRATEGIE

*Die Relativpronomen **qui, que / qu', où** sind sehr praktisch, um Sätze zu verknüpfen. Du kannst so Wiederholungen vermeiden.*

Wenn Mehdi seine Urlaubsfotos zeigt, wird er bestimmt nicht sagen:

Voici **la ville**. Nous avons passé nos vacances dans **la ville**.

Er würde vielmehr sagen:

«Voici **la ville où** nous avons passé nos vacances.»

Travaillez à deux. Lisez les deux phrases et faites-en une seule.
(Lest die beiden Sätze und macht jeweils einen einzigen daraus.)

1. Voici la maison. Mes grands-parents habitent dans la maison.
   «Voici la maison où mes grands-parents habitent.»
2. Voici ma cousine. Ma cousine est vraiment drôle.
   «Voici ma cousine qui est vraiment drôle.»
3. Voici son chien. Elle aime bien son chien.
   «Voici son chien qu'elle aime bien.»
4. Mais voici mon cousin. Je déteste mon cousin.
   «Mais Voici mon cousin que je déteste.»

Lire et écrire

7 A propos du texte (nach SB S. 21)

A *Relis le texte à la page 21 de ton livre. Mets les images dans le bon ordre. Ecris le bon numéro dans les cases.*

B *Raconte l'histoire. Pour chaque image, écris deux ou trois phrases.*

1. Au cours de M. Lebreton, Léo … *Continue dans ton cahier.*
2. __________

En forme

8 Vous connaissez cette bande? (G 5) (nach SB S. 24, Nr. 9)

1. Cette femme a les cheveux verts.
2. Les femmes portent des chapaux bizzares.
3. Cet hommes ont les chevaux très longs
4. Cette femme a les yeaux rouges
5. Cet homme ressemble à Obélix
6. Ce chien a l'air fatigué

- les cheveux très longs
- l'air fatigué
- ressemble à Obélix
- des chapeaux bizarres
- les yeux rouges

Pratique: tâches

Lire et écrire

9 Titeuf – Le cours d'anglais (nach SB S. 18, Nr. 6)

Avant la lecture: regarde les images. Qu'est-ce que c'est? Un roman, un poème, une bande dessinée?
Pendant la lecture: il y a des mots que tu ne connais pas? Ça ne fait rien. Continue à lire. (Lies weiter.)

****Continue. Fais un dessin avec un petit texte dans ton cahier.*

Après la lecture:

Regarde les expressions dans ton livre (On dit, p. 18). Pour chaque numéro, écris une phrase qui exprime les sentiments du personnage.
(Schreibe für jede Zahl einen Satz, der die Gefühle der Person ausdrückt.)

1. Je suis très content.
2. ______________________
3. ______________________
4. ______________________
5. ______________________
6. ______________________

Ecrire

10 Ma meilleure copine / Mon meilleur copain (nach SB S. 25, Nr. 2)

→ En plus S. 16, Nr. 5 △

PORTFOLIO

Présente ta meilleure copine ou ton meilleur copain. (Stelle deine beste Freundin oder deinen besten Freund vor.) Ecris un petit texte de 50 à 60 mots dans ton cahier. Ajoute des photos ou des dessins.
Tu peux mettre cette page dans ton portfolio.

Tu peux parler de:

- prénom
- nom de famille
- âge
- date de naissance
- couleur des cheveux
- couleur des yeux
- caractère (timide, cool, …)
- il / elle aime / déteste … (vêtements, activités, stars, …)

Lire

11 J'ai peur!

Am Tag vor seiner Abreise nach Frankreich macht sich der Senegalese Malik viele Gedanken …

Demain, ma mère, ma sœur et moi, nous allons partir pour[1] la France. Ici, beaucoup de personnes rêvent d'aller à Paris mais elles ne connaissent pas vraiment[2] la vie là-bas.
Je vais passer la dernière nuit chez moi. Un peu triste, je fais ma valise[3]. J'aime bien ma ville. Elle n'est pas grande et je trouve qu'elle est belle. Je n'aime pas Dakar. Pour moi, c'est trop grand. Et quand je pense à Paris, j'ai peur[4].

Mes amis disent que j'ai de la chance[5] mais moi, je ne suis pas sûr. A Paris, tout est différent: les gens, la vie et le temps aussi. Il pleut souvent et en hiver[6], il fait très froid. Moi, j'aime la chaleur[7].
Mais mon père a trouvé un travail en France et c'est pourquoi nous allons partir aussi. Nous sommes une famille. En France, il y a des bonnes écoles et là, on apprend beaucoup de choses. Après l'école, on est un homme ou une femme riche et intelligent.

Demain, je vais quitter l'Afrique. Je vais quitter mon pays, mes amis, la mer et le sable. Je regarde l'océan et je sais que je ne vais jamais l'oublier.

*(D'après: Wilfried N'Sondé: **Septembre d'Or**, Ernst Klett Verlag 2010)*

A *Réponds aux questions suivantes. Écris les réponses dans ton cahier.*

1. Avec qui est-ce que Malik va aller en France?
2. Pourquoi est-ce que son père habite à Paris?
3. Est-ce que Malik est heureux? Pourquoi (pas)?
4. Quel temps est-ce qu'il aime?
5. Comment est-ce qu'il décrit les écoles françaises?

B *La famille de Malik habite à Paris mais le père veut retourner au Sénégal. Malik n'est pas content. Ecris un petit texte (environ 60 mots).*

Ecouter / Médiation

12 En classe (nach SB S. 26, Nr. 3)

22

A *Du nimmst am Unterricht in einer französischen Klasse teil. Zu Beginn der Stunde macht der Lehrer eine Mitteilung. Einer deiner deutschen Klassenkameraden ist nicht da. Du musst ihm mitteilen, was der Lehrer gesagt hat. Höre gut zu, dann entscheide dich: Welche der nebenstehenden Wörter / Ausdrücke sind für die Information völlig unwichtig? Streiche sie durch.*

demain, visite de Paris
ranger le sac
répéter
rendez-vous devant le collège
changement
discuter avec Loubna
9 h 30

B *Nun schreibe auf einem Zettel für deinen Klassenkameraden die wichtigste Information auf (auf Deutsch):*

Achtung! Morgen … ______________________

____

____

1 **partir pour:** abreisen nach; 2 **vraiment:** wirklich; 3 **faire sa valise:** seinen Koffer packen; 4 **avoir peur:** Angst haben; 5 **avoir de la chance:** Glück haben; 6 **en hiver:** im Winter; 7 **la chaleur:** die Hitze

Parler

13 Le carnet de correspondance (nach SB S. 25, Nr. 2)

Deine Klasse ist zum Austausch in Frankreich.
Ihr besucht den Unterricht in einer französischen Schule.
Auf dem Schulhof sprichst du mit einem Mädchen / einem Jungen, das / der ein Heft, das du nicht kennst, in der Hand hält.

Einigt euch, wer welche Rolle übernimmt. Knicke das Blatt an der gestrichelten Linie.
Mit den eckigen Klammern könnt ihr euch kontrollieren. Wechselt danach die Rollen. Jouez la scène.

Toi	La fille / Le garçon
1. Du fragst, was das für ein Heft ist.	**1.** [Qu'est-ce que c'est comme cahier?]
2. [C'est un carnet de correspondance.]	**2.** Sie / Er antwortet, dass es sich um ein „carnet de correspondance" handelt.
3. Du hast das Wort nicht verstanden und fragst, ob sie / er es wiederholen kann.	**3.** [Je n'ai pas compris (le mot). Tu peux répéter, s'il te plaît?]
4. [Oui, bien sûr. C'est un carnet de correspondance. «Carnet», c'est un autre mot pour «cahier».]	**4.** Sie / Er wiederholt das Wort und erklärt, dass „carnet" ein anderes Wort für „cahier" ist.
5. Du fragst, was sie / er mit diesem „carnet de correspondance" macht.	**5.** [Qu'est-ce que tu fais avec ce «carnet de correspondance»?]
6. [C'est un cahier que les élèves ont toujours dans leur sac. C'est un cahier où les profs écrivent des informations pour les parents et les parents pour les profs; par exemple, pourquoi un élève arrive en retard.]	**6.** Sie / Er erklärt, dass es ein Heft ist, das die Schüler immer in ihrer Schultasche haben. Es ist ein Heft, in das Lehrer Informationen für die Eltern und die Eltern für die Lehrer schreiben; z. B. warum ein Schüler zu spät kommt.
7. Jetzt hast du verstanden. Du findest das praktisch.	**7.** [J'ai compris maintenant. Je trouve ça pratique.]

Mediation

14 Cinéma (nach SB S. 26, Nr. 3)

Dein Brieffreund aus London ist bei dir zu Besuch. Er kann aber noch nicht so gut Deutsch. Dafür kann er besser Französisch. Ihr wollt nun einen der folgenden Filme anschauen. Vorher musst du Ihn über den Inhalt der Filme auf Französisch informieren, um die richtige Wahl zu treffen.

<u>La Boum</u>: Vic zieht mit ihren Eltern nach Paris und findet dort schnell Freunde, z. B. Pénélope. Sie trifft Mathieu und verliebt sich in ihn. Aber die beiden haben viele Probleme und trennen sich bald. Auch Vic's Eltern können nicht helfen, da sie selber oft streiten. Gott sei Dank gibt es Vic's Urgroßmutter (arrière-grand-mère) Poupette, die Vic immer gute Ratschläge gibt. Auf einem Fest bei Pénélope trifft Vic Mathieu wieder und die beiden tanzen …

<u>Bienvenue chez les Ch'tis</u>: Philippe Abrams wohnt mit seiner Frau in Salon-de-Provence in der Nähe von Marseille. Seine Frau möchte in eine schönere Stadt im Süden Frankreichs ziehen. Philippe wird aber nach Bergues versetzt (muter). Seine Frau begleitet ihn nicht, weil sie den Norden nicht mag. Man sagt, dass es dort immer regnet und kalt ist. Philippe muss also alleine abreisen. Aber der Norden ist anders …

Die Lösungen findest du auf S. 110

Bilan

1 Jeu de mots (nach SB S. 27, Nr. 1)

Ich kann **Stimmungen** und **Gefühle** ausdrücken.

Quelle phrase va avec quelle image? Dessine des flèches. (Zeichne Pfeile.)

2 Médiation (nach SB S. 23, Nr. 7)

→ En plus S. 16, Nr. 4 △

Ich kann eine deutsche **Personenbeschreibung auf Französisch** wiedergeben.

Ein französischer Freund fragt dich in einer E-Mail, wer Lena ist. Du findest einen „Steckbrief" über sie. Du antwortest ihm.

Fais le portrait de Lena. Ecris dans ton cahier.

Name: Meyer-Landrut
Vorname: Lena
Geburtsdatum: 23. Mai 1991
Haarfarbe: braun
Augenfarbe: braun
Merkmale: klein, hübsch, trägt gern schwarze Röcke
Beruf: Sängerin
Größter Erfolg: Gewinn des „Grand Prix" 2010 mit dem Lied „Satellite"

3 En forme (nach SB S. 24, Nr. 9)

→ En plus S. 16, Nr. 4 △

A Ich kann den Fragebegleiter ***quel*** verwenden.

1. Tu habites dans quelle ville? **2.** Quels sont les noms de tes professeurs?

3. Vous avez regardé quel film? **4.** Quelles couleurs est-ce que tu aimes?

B Ich kann die Relativpronomen ***qui, que, où*** verwenden.

1. Mehdi connaît les profs ~~où~~ que la 5e A va avoir. **2.** Les élèves vont dans la salle 25 ~~que~~ où ils ont cours maintenant. **3.** La prof qu' ils vont avoir en histoire, c'est Mme Ducharme.

4. C'est une prof qui donne des cours intéressants.

C Ich kann den Demonstrativbegleiter ***ce*** verwenden.

1. A qui sont ces livres et ces photos? **2.** On va chez Mehdi cet après-midi?

3. On va au cinéma ce soir. **4.** J'aime bien cette star du cinéma.

En plus: différenciation

En forme

1 Où est la salle où on a cours?

△ *Complète le texte. Utilise **qui, que, qu', où**.*

Dans la cour du collège, Julien pose des questions à Léo:

1. – Elle est loin, la salle _où_ nous avons cours après la récréation? – Non, elle est là-bas.
2. – La fille _______ parle à Alex, qui est-ce? – C'est Manon. Elle est en 5ᵉ C.
3. – Et les trois garçons, là-bas? – Ce sont des élèves de sixième _______ je ne connais pas.
4. – Comment est notre prof de maths? – C'est quelqu'un _______ est vraiment cool.
5. – Et la prof de français? – Je ne sais pas. Mais c'est une prof _______ Alex trouve sympa.
6. – Où est ton copain Mehdi? – Il est au CDI _______ il cherche un livre.

Jeu de mots

2 Cherche l'intrus.

△ *Barre l'intrus. Remplace l'intrus par un mot qui va avec les autres.*
(Ersetze den Eindringling durch ein Wort, das zu den anderen passt.)

être …	une femme	une fille	un homme	~~timide~~ un garçon
avoir les cheveux …	blonds	roux	longs	bruns
avoir les yeux …	verts	tristes	marron	noirs
porter …	un pantalon	une jupe	un sac	un chapeau
ressembler à …	Moustique	Astérix	Titeuf	Cédric
avoir l'air …	content	intéressant	en forme	fatigué

En forme

3 Géniales, ces vacances!

△ *Complète le texte. Utilise **ce, cet, cette, ces**.*

Mehdi a passé ses vacances chez ses grands-parents. Il montre ses photos à Léo:

1. *Mehdi:* Géniales, _ces_ vacances! **2.** Regarde la maison de mes grands-parents: _________ maison est super. **3.** Et voilà notre petit groupe de copains: _________ garçons, ce sont Ahmed et Idris.

4. Et _________ filles, ce sont Yasmina et Loubna.

5. *Léo:* Et qui est _________ monsieur?

6. *Mehdi:* _________ homme? C'est mon grand-père.

En forme

4 «Plus belle la vie»

Marie parle de la série télévisée «Plus belle la vie».

Complète le texte avec les mots qui conviennent.
(Ergänze den Text mit den passenden Wörtern.)

1. «Plus belle la vie», c'est la série ________ je regarde toujours.
2. Vous ne ________________ pas «Plus belle la vie» ________ les fans appellent «PBLV»?
3. Je regarde __________ série à la télé du lundi au vendredi, à 8 heures et demie.
4. C'est une série ________ raconte les histoires de Mirta, Blanche, Roland et de beaucoup d'autres gens.
5. ________ personnes habitent et travaillent dans un quartier de Marseille.
6. Il y a Roland ________ travaille dans un café ________ s'appelle «Bar le Mistral» ________ les gens aiment aller.
7. Mirta a un petit hôtel, «Le Select», et elle ________ tout sur les gens de ________ quartier.
8. J'adore ________ acteurs ________ jouent super bien!
9. Et __________ série est-ce que tu aimes regarder, toi?

Ecouter et regarder

5 Maxime et Driss

A *Avant l'écoute: Regarde les photos.*

Où est-ce que la scène se passe à ton avis? (Wo findet die Szene deiner Meinung nach statt?)

La scène se passe ☐ au collège. ☐ à la maison. ☐ au club de foot.

23 **B** *Ecoute la scène. Coche les bonnes réponses.*

1. La dame est ☐ professeure. ☐ secrétaire. ☐ journaliste.
2. Maxime a envie de ☐ surfer sur Internet. ☐ regarder un match de foot. ☐ faire du foot.
3. A la fin, Maxime et Driss ☐ vont en cours. ☐ font leurs devoirs. ☐ font du foot.

C *Après l'écoute. Maxime stöhnt:*
Worüber würdest du ebenso stöhnen? Schreibe es hier auf.

____

Tu peux aussi regarder la vidéo.

Un peu d'entraînement

→ Lösungen findest du auf S. 110.

Vis-à-vis

1 A Paris, mais où?

A *Tu reconnais les monuments et le quartier? Ecris les noms.*
(Erkennst du die Bauwerke und das Viertel? Schreibe die Namen.)

B *C'est où, à Paris? Ecris la bonne lettre dans la case.*
(Wo ist das in Paris? Schreibe den richtigen Buchstaben in das Kästchen.)

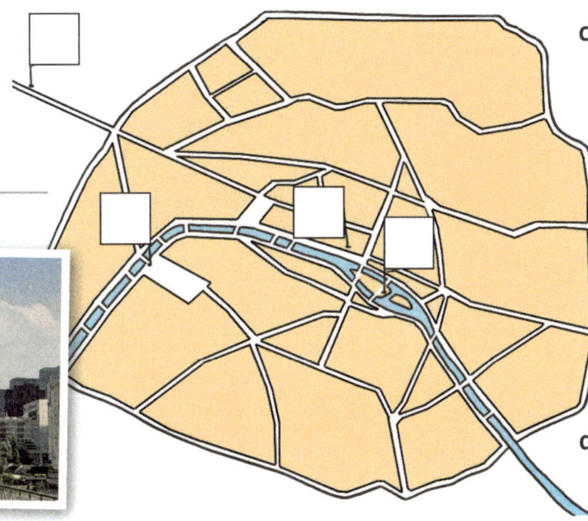

c ______________________

a ______________________

d ______________________

b Le quartier de La ______________________

Lire et écrire

2 Un tour de Paris

A *Lis les phrases. Mets les phrases dans le bon ordre.*
Les lettres entre parenthèses se rapportent à l'exercice 1.
(Die Buchstaben in Klammern beziehen sich auf die Übung 1.)

B *Ecris l'infinitif des verbes ici à droite.*

1. Après, **on a regardé** la grande tour de 300 mètres avec un restaurant. *(c)*	regarder
2. D'abord, **nous avons visité** une cathédrale. *(d)*	______
3. Enfin, **on a continué** notre tour dans un quartier très moderne. *(b)*	______
4. Alors, à midi, **on a mangé** là.	______
5. Puis, l'après-midi, **nous avons cherché** un musée avec une pyramide. *(a)*	______
6. Hier, ma famille et moi, **nous avons fait** un tour de ville à Paris.	______

Le bon ordre des phrases est: 6 | __ | __ | __ | __ | __

... prêts,

... partez!

Unité 2

Les mystères de Paris

Atelier A

Ecrire

1 A propos du texte (nach SB S. 30, Abschnitt 3)

A *Relis le texte dans ton livre page 30, paragraphes 1 à 3.*
Regarde les trois dessins et écris trois questions sur une feuille. (Schreibe drei Fragen auf ein Blatt.)

B *Donne la feuille à ta voisine / ton voisin. Elle / Il écrit les réponses sur ta feuille.*

Exemple:

Question: Avec qui est-ce que Julien chatte souvent le soir?

Réponse: Il chatte souvent avec Marie et Alex.

En forme

2 Qu'est-ce que tu vois? (G 6) (vor SB S. 31, Nr. 4)

→ En plus S. 27, Nr. 1 △

Voilà le gardien[1] des catacombes. Regarde son nom:

Monsieur Tivousen

A *Quelles formes du verbe **voir** est-ce que tu peux écrire avec les lettres de son nom?*
Achtung: es bleiben zwei Formen übrig! Du musst einige Buchstaben auch mehrfach verwenden!

je	vois	tu	vois	il / elle / on	voit
nous	~~voyons~~	vous	~~voyez~~	ils / elles	voient

B *Maintenant, écris les deux formes qui manquent. N'oublie pas les pronoms personnels.*
(Schreibe jetzt die zwei Formen, die fehlen. Vergiss die Personalpronomen nicht.)

nous voyons

vous voyez

C *Ajoute enfin le participe passé de ce verbe: j'ai* vu

1 **un gardien** = *hier:* ein Wärter

🇫🇷 Vis-à-vis

Franzosen lieben eine Rätselform, die „charade“ heißt. Es ist ein Silbenrätsel. Dabei müssen die Silben eines Wortes und das ganze Wort erraten werden.
Die Silben des Wortes werden umschrieben.
Hier ein einfaches Beispiel:

CHARADE

Mon premier est le contraire de «froid».
Mon deuxième est le contraire de «sous».
Mon tout est une chose
que je porte aux pieds.

Solution: __ __ __ __ __ __ __ __ __

Et voilà une autre charade: est-ce que tu trouves la solution?

CHARADE

Mon premier est une partie du verbe «voir».
Mon deuxième est en allemand quelque chose qu'on ouvre et qu'on ferme.
Mon tout est un moyen de transport.

Solution: __ __ __ __ __ __ __

En forme

3 Qu'est-ce que tu as fait? (G 7) (nach SB S. 32, Nr. 5)

Complète les dialogues. Utilise le passé composé des verbes donnés.

1. – Hier, il a fait *(faire)* beau chez vous?
   – Non, il a plu *(pleuvoir)*.

2. – Vous avez été *(être)* au cinéma?
   – Oui. Nous avens vu *(voir)* un film génial.

3. – J'ai écrit *(écrire)* un mail.
   – Je sais. J'ai lis *(lire)* ton mail.

4. – Tu as compris *(comprendre)* les devoirs?
   – Non, mais j'ai demendé *(demander)* à des copines.
   Elles ont su *(savoir)* faire les exercices.

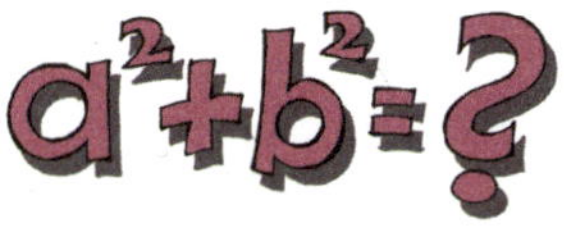

5. – Tu as mis *(mettre)* le jean que tu as eu *(avoir)* pour ton anniversaire?
   – Oui. Il est cool, non? J'ai aimé *(aimer)* la couleur.

Ecrire

4 Julien raconte … (G7) (nach SB S. 32, Nr. 5)

Julien raconte dans son blog la visite dans les catacombes. Il commence comme ça:

Hier, notre classe a visité les catacombes. D'abord, nous avons pris …

Continue dans ton cahier. Regarde le dessin. Pour raconter, n'oublie pas les mots comme

puis | après | enfin | alors | tout à coup | à ce moment-là | mais | là

Atelier B

Approche

5 Adjektive auf -eux (nach SB S. 33, Nr. 1)

A *Regarde les adjectifs dans ton livre page 33 nº 1. Ecris la bonne forme de ces adjectifs dans les cases.*

1. Julien est souvent triste: il est
2. Quitter le groupe dans les catacombes, c'est
3. Vladimir raconte dans ses BD des histoires
4. Les filles de la 4ᵉB n'ont pas peur: elles sont
5. Mme Ducharme veut tout savoir. Elle est

m	a	l	h	e	u	r	e	u	x		
d	a	n	g	e	r	e	u	x			
m	y	s	t	é	r	i	e	u	s	e	s
c	o	u	r	a	g	e	u	s	e	s	
c	u	r	i	e	u	s	e				

B *Trouve l'adjectif dans les cases jaunes. Ecris une phrase avec cette forme.*

heureuse: la femme est heureuse

Ecrire

6 A propos du texte (nach SB S. 33, Abschnitt 3)

Relis les parties 1 à 3 du texte «Des catacombes mystérieuses», page 33 dans ton livre. Puis trouve les phrases. Elles forment un petit résumé de ces trois parties. Ecris les phrases dans ton cahier. Attention à la ponctuation. (Achte auf die Satzzeichen.)

1. rencontre un homme | Dans les catacombes | Julien | bizarre
2. Vladimir | Il | s'appelle
3. un dessinateur qui | son nouveau manga | C'est | prépare
4. à Vladimir | raconte | Julien | ses problèmes
5. oublie un peu | A la fin | ses idées noires | Julien

En forme

7 Je n'entends rien! (G 8) (nach SB S. 35, Nr. 4)

→ En plus S. 27, Nr. 3 △

A l'entrée des catacombes, tout le monde parle en même temps. Complète les phrases. Utilise aussi **ne … pas, ne … plus, ne … rien, ne … pas encore.**

attendre descendre entendre perdre répondre

1. Tu entends quelque chose? – Non, je n'entends rien.
2. Nous attendons encore? – Non, on n'attend ~~pas~~ plus
3. Vous descendez déjà? – Non, nous ne descendons pas encore.
4. Mais pourquoi est-ce qu'elles ne repondent pas à ma question?
5. Tu as perdu quelque chose? – Non, je n'ai rien perdu

Jeu de sons

8 «y» et «u» (nach SB S. 35, Nr. 5)

36 **A** *Ecoute et lis les deux textes.*

Des stylos
font de la gymnastique
et du rugby
dans le gymnase.
C'est mystérieux!

J'ai entendu dans le bus
des chaussures
discuter sur
des pieds nuls.
C'est curieux!

Comment est-ce qu'on prononce les lettres «y» et «u» dans ces textes?
Compare avec l'allemand. (Vergleiche mit dem Deutschen.)

«y»	☐ comme le «ü» dans «Tüte»	☐ comme le «i» dans «Idee»
«u»	☐ comme le «ü» dans «Tüte»	☐ comme le «u» dans «tun»

B *Comment est-ce que tu prononces les mots* une pyramide un pull-over *?*

En forme

9 Alex raconte … (G 7, 8) (nach SB S. 36, Nr. 7)

△ **A** *Alex a visité avec sa classe les égouts de Paris. Après, elle a discuté avec sa grand-mère.*
Est-ce que vous retrouvez le texte complet?
(Attention aux temps des verbes et à la négation.)

1. *Mme Latière:* Tu n'es pas l'air heureuse!

Alex: Oui, c'est vrai. Je suis malheureuse.

J'~~attends~~ ai perdu ma classe dans le métro.

Dans une station, j'~~aide~~ ai vu un grand-père avec des grands

sacs. J'~~e perds~~ attendu un moment,

puis j'~~e vois~~ aidé ce monsieur.

2. Mais ma classe ~~prend~~ a pris le métro.

J'ai appelé : «Hé, hé hé! Attends !»

Mais trop tard! Ils n'ont rien entendu :

Mme Latière: Tu n'es pas eu peur?

Alex: Si, …

Utilise ces verbes:

1.
ne pas avoir — être
perdre — voir
attendre — aider

2.
prendre — appeler
attendre
ne rien entendre
ne pas avoir

B *Qu'est-ce qu'Alex a fait après? Vous avez une idée?*

____

Parler

10 Je trouve que … / Je pense que … (nach SB S. 36, Nr. 8)

→ En plus S. 28, Nr. 4 △

A *Travaillez à deux. Discutez.*

Mme Berger
Tu es la mère de Pierre. Tu discutes avec lui.
Il veut un portable. Un portable à 13 ans?
Toi, tu ne trouves pas ça bien!
A la fin, tu es d'accord avec ton fils.

Pierre
Tu es le fils de Mme Berger et tu as 13 ans.
Tu discutes avec ta mère.
Tu veux un portable. C'est ton rêve.
A la fin, tu es d'accord avec ta mère.

Voilà des éléments pour vous aider:

Tu (n')as (pas) raison.
C'est nul …
Oui, mais mes amis sont à Strasbourg.
Tu es d'accord?
Je (ne) suis (pas) d'accord.
Ne parle pas comme ça.
C'est pratique quand je suis en retard ou quand je suis seul.
Je trouve ça bête.
Qu'est-ce que tu en penses?
Oui, peut-être.
Je trouve que …
Je suis contre les portables, c'est dangereux.
Moi, je n'ai pas eu un portable à 13 ans.
Je pense que …
Ecoute, on va discuter avec papa ce soir.

B *Maintenant, jouez la discussion au téléphone en classe.*

Jeu de mots

11 Qu'est-ce que c'est? (nach SB S. 37, Nr. 10)

Retrouve les mots de l'unité 2.

1. Quand on n'est pas pour quelque chose, on est ________________.
2. Quand il fait ________________, on ne voit plus rien.
3. Quand on entre dans une maison, on ouvre la ________________.
4. Quand on fait quelque chose beaucoup de fois, on fait ça ________________.
5. Quand on lit, on tourne les ________________ d'un livre.
6. Quand un chat est content, il a peut-être mangé une ________________.

Pratique: tâches

Lire
Médiation
Ecrire
Ecouter

12 Présenter les égouts de Paris (nach SB S. 38, Nr. 1)

Pour préparer une petite présentation sur les égouts de Paris, votre professeur vous demande de travailler sur le matériel suivant.
(Um einen kleinen Vortrag über die Pariser Kanalisation vorzubereiten, bittet euch euer Lehrer mit dem folgenden Material zu arbeiten.)
Travaillez à deux.
Notez le résultat de votre travail sur la page suivante.

A *Lisez le prospectus.*

Les égouts de Paris

L'eau propre est absolument nécessaire pour les hommes. Tous les jours, nous utilisons beaucoup d'eau: dans la cuisine, dans la salle de bains, dans les W.C. … Mais qu'est-ce qu'on fait après de cette eau sale? On ouvre la porte, et hop! on met l'eau sale dans la rue? Non, on n'est plus au Moyen Age!

Les premiers vrais égouts arrivent à Paris en 1850. En 1878, il y a déjà 600 km de couloirs souterrains. Aujourd'hui, il y a 2400 km de couloirs où va l'eau sale: c'est la canalisation de Paris. La visite des égouts est très intéressante.

B *Cherchez sur Internet.*
1. *Où est l'entrée pour la visite des égouts?*
2. *Quels jours de la semaine est-ce qu'on ne peut pas visiter les égouts?*
3. *Pour la visite, tu veux acheter des tickets pour une famille avec deux enfants: ça fait combien?*

STRATEGIE

Wenn du dich im Internet über bestimmte Dinge in Frankreich informieren willst, wirst du eine Suchmaschine (un moteur de recherche) brauchen. Dort gibst du Stichwörter ein, z. B. „visite des égouts de Paris". Bei den angezeigten Seiten kannst du an der Endung „.fr" erkennen, dass es sich um eine französische Seite handelt.

C *Pour aider les touristes qui veulent visiter les égouts, traduis la petite description suivante:*

Vom Gare de Lyon aus nehmen Sie die Metro Linie 1, Richtung „La Défense". An der Haltestelle „Franklin D. Roosevelt" steigen Sie in die Linie 9, Richtung „Pont de Sèvres", um. Dann steigen Sie an der Station „Alma-Marceau" aus. Schließlich überqueren Sie die Seine und sind dann vor dem Eingang.

37 **D** *Votre assistante de français raconte une histoire sur les égouts. Qu'est-ce qu'elle dit? Ecoutez.*

A Prospectus:

1. *Findet im Text die französischen Wörter für „sauber“: ___________ und „schmutzig“: ___________.*

2. *Für Klassenkameraden, die den Text nicht verstanden haben, fasst du auf Deutsch in drei Sätzen die folgenden Informationen zusammen:*
Was machte man im Mittelalter (Moyen Age) mit dem schmutzigen Wasser?
Was sind die „égouts“?
Wie lang sind sie heute?

____

____

____

B Internet:

1. L'entrée du musée est: ______________________________

2. Le musée est fermé: ______________________________

3. Quatre tickets (parents + deux enfants): ______________________________

C Comment aller de l'hôtel au musée des égouts?

1. *Trouvez dans le texte les mots allemands pour «ligne»: ___________ et «direction»: ___________.*

2. *Vous notez sur un papier quatre points pour expliquer comment aller de la Gare de Lyon au musée.*

d'abord prendre le métro, ligne 1, direction «La Défense»

puis changer à la station «Franklin D. Roosevelt», prendre ligne 9, direction «Pont de Sèvres»

après ______________________________

à la fin ______________________________

D Qu'est-ce que l'assistante a raconté? *Ecoutez et prenez des notes:*

1. A Paris, l'assistante habite ______________________________

2. Elle a perdu ___________ et elle a téléphoné au ___________

Maintenant, expliquez en français pourquoi les égouts sont comme une ville sous la ville et pourquoi on a retrouvé l'objet perdu.

____

____

____

Bilan

1 Ecouter (nach SB S. 40, Nr. 1)

Ich kann **verstehen,** wenn auf Französisch ein **persönliches Erlebnis erzählt** wird.

Ecoute le texte, puis coche la bonne réponse.

38

1. Mehdi a pris
- ☐ le métro.
- ☐ le bus.
- ☐ le vélo.

2. Il a perdu
- ☐ ses clés.
- ☐ son portable.
- ☐ sa classe.

3. Il a appelé son professeur avec
- ☐ son portable.
- ☐ le portable de Mme Cartier.
- ☐ le portable de M. Racine.

2 En forme (nach SB S. 41, Nr. 4)

→ En plus S. 27, Nr. 3 △

A Ich kann das Verb ***voir*** verwenden.

1. Il fait sombre. Je ne ___ rien. **2.** Et vous, vous ___ quelque chose?

3. Nous, non! Mais Alex et Léo ___ déjà la fin du couloir. **4.** Oh, là, j'ai ___ un vampire!

5. Tu ___ vraiment ___ un vampire? **6.** Mais non, c'est une blague! Je n'___ rien ___ !

B Ich kann die **Verben auf *-dre*** verwenden.

1. *(descendre)* Je ___ ici. Et toi? – Non, je ne ___ pas encore.

2. *(attendre)* Jérôme ___ devant le cinéma? – Non, mais Clara et Lilou vont ___ à la sortie du métro.

3. *(répondre)* J'appelle les filles, mais elles ne ___ pas.

4. *(entendre)* Elles n'ont peut-être pas ___ le téléphone.

5. *(perdre)* Je pense que Lilou a ___ son portable.

3 Parler et écrire (nach SB S. 41, Nr. 5)

→ En plus S. 27, Nr. 3 △

Ich kann **erzählen**, was **passiert ist**, und dabei **Zeitadverbien** verwenden.

Hier soir, à la maison:

enfin | puis | après | d'abord

1. ___, j'ai ___ *(lire)* une BD. **2.** ___, j'___ ___ *(écrire)* un mail.

3. ___, j'___ ___ *(appeler)* un copain. **4.** ___, j'___ ___ *(ouvrir)* mon sac, j'___ ___ *(prendre)* un livre et j'___ ___ *(faire)* mes devoirs.

Lösungen findest du auf S. 111.

En plus: différenciation

Ecrire

1 Qu'est-ce qu'on voit dans ses rêves?

Relie les phrases qui riment.
Puis écris un poème sur une feuille.
Utilise le verbe ***voir****.*

PORTFOLIO

Tu peux mettre ensuite ton poème dans ton portfolio.

Je vois dans l'appartement
un petit éléphant.
Tu v…
Elle …
Nous …
Vous …
Ils …
Et puis j'ai v…

dans la cuisine | dans la cour | dans l'appartement | dans le lit | sur les escaliers | dans les souterrains | dans le salon

Marie, ma copine | un petit éléphant | un très beau chien | un taxi gris | une grande tour | beaucoup de bonbons | des milliers de papiers

Ecouter et écrire

2 Dictée à deux

Fais une dictée avec ta / ton partenaire.
Pliez la feuille au milieu. (Knickt das Blatt in der Mitte.)
A la fin, contrôlez le résultat à deux.

Toi	Ta / Ton partenaire
1. Tu as été à Paris	**2.** Oui, mais il n'a pas fait beau, il a plu.
3. Dommage! Alors, tu as mis ton anorak?	**4.** Oui, et on a souvent pris le métro.
5. Tu as vu les catacombes? Tu as eu peur?	**6.** Mais non. Je n'ai pas eu peur. Je ne suis pas nul!
7. Oui, je sais. Tu as déjà des idées pour notre voyage à Strasbourg?	**8.** Non. J'en ai marre! Je t'explique pourquoi.

En forme

3 Trouve les verbes.

Regarde les verbes en ***-dre: attendre, entendre, perdre, répondre.***
Quelqu'un a écrit ces verbes, mais il a oublié les consonnes.
Trouve l'infinitif, ajoute les formes demandées au présent et au passé composé.

	infinitif	présent	passé composé
éoe =	______	il / elle / on ______	j' ______
ee =	______	nous ______	vous ______
aee =	______	vous ______	ils ont ______
eee =	______	ils / elles ______	tu as ______

En forme

4 Les copains discutent.

Complète le texte.

Les copains parlent de Julien:

qui que qu'

1. *Léo:* Qu' est-ce ________ vous pensez de Julien?
2. *Mehdi:* Je trouve ________ c'est un garçon ________ est bizarre.
3. *Alex:* Je vois ________ il est seul.
4. *Marie:* Est-ce ________ vous savez pourquoi il est comme ça?
5. *Léo:* Je pense ________ il n'aime pas Paris, mais Pierre ________ est de Strasbourg est heureux ici.
6. *Mehdi:* Non, mais je sais ________ sa mère a un nouveau copain et ________ son père est à Marseille.

Voilà son histoire …

Ecouter

5 Marie raconte une histoire.

A *Ecoute le texte, puis complète les phrases.*

39

1. Marie raconte l'histoire à ________________.
2. Le ________________ de Marie est tombé dans les égouts.
3. Marie a appelé ________________________.
4. Dans les égouts, on a trouvé un sac avec ________________________.

B *Maintenant, Marie écrit une lettre à Lilou. Elle raconte la même histoire. Ecrivez cette lettre dans votre cahier.*

Médiation

6 En France.

Du bist im Urlaub in Paris und läufst in der Metro an vielen Schildern vorbei. Worauf weisen sie hin?

Das Schild zeigt, …

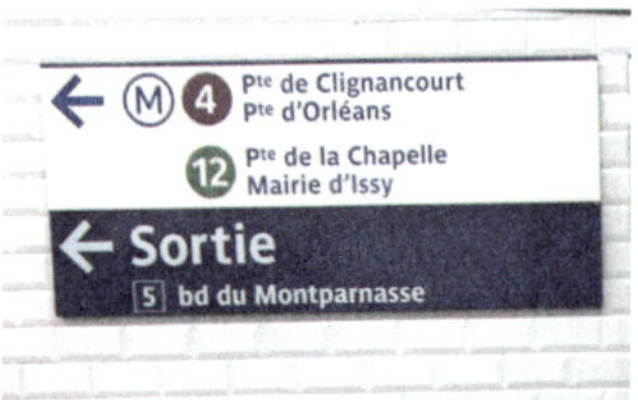

FOLIO

Das kann ich schon! (nach Unités 1 – 2)

Selbsteinschätzung: *Hier kannst du feststellen, wie fit du bist. Kreuze an, wie deine Ampel steht (linke Ampel). Wenn du unsicher bist, wiederhole die Übungen, die in der rechten Spalte angegeben sind.*

Partnereinschätzung: *Ihr könnt euch auch gegenseitig einschätzen (rechte Ampel).*

Selbsteinschätzung am: ________ *Datum*   Partnereinschätzung am: ________ *Datum*

Sich auf Französisch verständigen	Selbst	Übungen	Partner
Ich kann beschreiben, wie ich mich fühle (z. B. müde, zufrieden, traurig …).	● ● ●	SB S. 18, Nr. 6 CdA S. 8, Nr. 4	● ● ●
Ich kann schon viele Angaben zu einer Person machen (z. B. Name, Alter, Geburtsdatum, Haar- und Augenfarbe …).	● ● ●	SB S. 23, Nr. 7 CdA S. 11, Nr. 10	● ● ●
Ich kann auf einfache Art ein persönliches Erlebnis erzählen.	● ● ●	SB S. 37, Nr. 10 CdA S. 20, Nr. 4	● ● ●
Ich kann in einer Diskussion ausdrücken, was ich denke und wie ich etwas finde.	● ● ●	SB S. 31, Nr. 3 CdA S. 23, Nr. 10	● ● ●
Ich kann schon eine Originalseite aus einem einfachen französischen Comic lesen und verstehen.	● ● ●	CdA S. 11, Nr. 9	● ● ●
Mediation: Wenn ich einfache deutsche Texte lese (z. B. einen Prospekt), kann ich mir Stichworte notieren und den Inhalt anhand der Stichworte auf Französisch wiedergeben.	● ● ●	SB S. 26, Nr. 3 CdA S. 24, Nr. 12	● ● ●
Mediation: Wenn ich einfache französische Texte höre (z. B. Hinweise des Lehrers zu einem Ausflug), kann ich davon einige wichtige Informationen auf Deutsch wiedergeben.	● ● ●	SB S. 32, Nr. 6 CdA S. 13, Nr. 14	● ● ●
Hier und dort			
Ich kenne einige Besonderheiten des Schuljahresbeginns in Frankreich.	● ● ●	SB S. 14 CdA S. 7	● ● ●
Ich weiß, wie die Klassenstufen des „collège“ heißen.	● ● ●	SB S. 15	● ● ●
Ich kenne einige in Frankreich beliebte Comic-Figuren.	● ● ●	SB S. 26, Nr. 4 CdA S. 11, Nr. 9	● ● ●
Ich kenne einige ungewöhnliche „Sehenswürdigkeiten“ in Paris. Ich kann sagen, worum es sich bei den „catacombes“ und den „égouts“ handelt.	● ● ●	SB S. 28, SB S. 32, Nr. 6 CdA S. 24, Nr. 12	● ● ●
Gewusst, wie …			
Ich kenne einige Redewendungen, die mir helfen, ein Gespräch zu beginnen, zu führen und zu beenden.	● ● ●	SB S. 19, Nr. 7	● ● ●
Wenn ich nicht weiß, wie ein Wort auf Französisch heißt, kann ich es umschreiben.	● ● ●	SB S. 20, Nr. 2 CdA S. 13, Nr. 13	● ● ●
Ich kenne einige Dinge, auf die ich achten muss, wenn ich eine Geschichte erzähle (z. B. die Verwendung von Zeitadverbien).	● ● ●	SB S. 37, Nr. 10	● ● ●

Wo hast du die grüne Ampel angekreuzt?
Übertrage diese Einträge auf das Poster am Ende des „Cahier“.

Lösungen und Tipps findest du auf S. 111.

Révisions (nach den Unités 1–2)

Jeu de mots

1 Qui dit ...

A *Geht zu zweit auf eine Wörterreise.*
Startet mit einem Wort. Dann ergibt ein Wort das andere.
Schreibt die Zeilen im Wechsel.
Am Ende steht ein Abschlusssatz.

Voici un exemple qui commence avec le mot «anniversaire».

Anniversaire

Qui dit anniversaire, dit bougie.
Qui dit bougie, dit chanter.
Qui dit chanter, dit joyeux.
Qui dit joyeux, dit cadeau.
Qui dit cadeau, dit copains.
Qui dit copains, dit sympa.
Qui dit sympa, dit jouer.
Alors, on joue!

Choisissez un mot et commencez votre voyage.
(Wählt ein Wort und beginnt eure Reise.)

Internet   école   copain

??
Choisissez votre propre mot.
(Wählt euer eigenes Wort.)

B *Lisez votre texte devant la classe.*

PORTFOLIO

Tu peux ajouter des dessins et mettre le texte dans ton portfolio.

Jeu de mots

2 L'allemand et le français

*Ecris en français. Attention à **«sehen»** et **«hören»**!*

***voir** ou **regarder**?*

***entendre** ou **écouter**?*

1. Alex sieht sich die Liste an. Sie sieht den Namen ihrer Freundin.

___

2. Hast du Julien gesehen? – Ja. Er sieht fern.

___

3. Hör (mal), Léo! Hörst du ein Geräusch?

___

4. Aber Léo hört nichts. Er hört eine CD.

___

Du kannst dir den Unterschied gut mit Bildern einprägen, z. B.:

regarder

voir

écouter

entendre

Un peu d'entraînement

→ Die Lösungen findest du auf S. 111.

En forme

1 Après le sport

Tout le monde aime le sport, mais après …
*Ecris les bonnes formes du verbe **être** et de l'adjectif **fatigué**.*

1\.

Moustique n'est pas fatigué.

2\.

Mais Alexandra ____________

____

3\.

Les garçons aussi ____________

____

4\.

Marie et Clara ne ________ pas

____

5\.

M. et Mme Chabane ________

____

6\.

Malabar n'____________ pas

____

*Das weißt du schon: An welches Satzglied wird das Adjektiv nach **être** angeglichen?*

An das ____________.

Parler et écrire

2 En cours

Qu'est-ce que tu dis dans les situations suivantes? (Was sagst du in den folgenden Situationen?)

1. Du sagst deinem Lehrer, dass du noch eine Frage hast. ____________

2. Du sagst, dass du nicht verstanden hast. ____________

3. Du bittest um Wiederholung. ____________

____

4. Du fragst nach der deutschen Bedeutung. ____________

Unité 3
La vie au collège

Atelier A

Ecrire

1 A propos du texte (nach SB S. 48, Nr. 2)

Entoure les cinq différences entre les deux images, puis complète le texte.

Scènes de la ___ ___ ___ au collège: **1.** Dans la salle de ___ ___ ___ ___ ___ ___ ___ ___ ___ ___,

Alex ___ ___ ___ ___ ___ ___ ___ sa leçon. **2.** Léo note ses devoirs dans son

___ ___ ___ ___ ___ ___ de textes. **3.** Mehdi lit le ___ ___ ___ ___ ___ ___ ___ que

Mme Bardin a écrit dans s o n ___ ___ ___ ___ ___ ___ de correspondance pour ses parents.

4. Sacha pense à son ___ ___ ___ ___ ___ ___ ___ ___ scolaire. Il ne va pas avoir

la ___ ___ ___ ___ ___ ___ ___ en géo. Il a eu sept sur ___ ___ ___ ___ ___ à la dernière interro.

5. Marie discute avec le ___ ___ ___ ___ ___ ___ ___ ___ ___ ___ ___.

Elle prépare un ___ ___ ___ ___ ___ ___ sur un pays pauvre.

En forme

2 Quand on veut, on peut! (G 9, 10) (nach SB S. 49, Nr. 4)

*Quelles formes des verbes **pouvoir** et **vouloir** est-ce que tu écris avec les lettres «-eu-» et quelles formes avec «-ou-»?*

pouvoir (- eu -)	vouloir (- eu -)	pouvoir (- ou -)	vouloir (- ou -)
je peux			

En forme

3 Dialogues dans la cour du collège (G 1, 7, 9, 10) (nach SB S. 49, Nr. 4)

*Complète les dialogues. Utilise **savoir, vouloir** ou **pouvoir.***
Attention aux temps (présent / passé composé) et à la négation.

JEU DE MOTS

La prof demande à Amélie: «Conjugue le verbe *savoir* à tous les temps.»
«Je sais qu'il pleut, tu sais qu'il fait beau, il sait qu'il neige …»

1. – On va au cinéma? Avec Julien, d'accord?

savoir ou **vouloir**? – Comme tu ______________. Il est cool, Julien.

2. – Vous avez fait vos exercices d'allemand?

savoir ou **pouvoir**? – Nous sommes nuls, nous n' avons pas ____________ conjuguer les verbes.

3. – Mehdi a fait du foot à la récré?

savoir ou **vouloir**? – Il a ____________________ faire du foot,

pouvoir ou **savoir**? mais il ________ pas ________. Il a mal aux pieds.

4. – Nous cherchons encore des chanteurs pour la chorale.

– Je vais demander à mes sœurs.

savoir ou **pouvoir**? Elles ____________________ très bien chanter.

Elles sont super!

Parler

4 J'en ai assez! (nach SB S. 51, Nr. 8)

→ En plus S. 41, Nr. 1 △

Marie stellt Sacha wegen des „Ideenklaus" zur Rede. Einigt euch, wer welche Rolle übernimmt. Knicke das Blatt an der gestrichelten Linie. Mit den eckigen Klammern könnt ihr euch kontrollieren. Wechselt danach die Rollen. Jouez la scène.

Marie	Sacha
1. Ich habe echt genug! Es ist immer dasselbe mit dir. Du klaust ständig die Ideen der anderen!	**1.** [J'en ai assez. Avec toi, c'est toujours la même chose. Tu piques toujours les idées des autres!]
2. [Arrête! Je n'ai rien piqué. Tout le monde sait qu'il y a cette course.]	**2.** Hör auf! Ich habe nichts geklaut. Jeder weiß, dass es dieses Rennen gibt.
3. Gut. Dann schlage ich vor, das Referat zusammen zu machen. Einverstanden?	**3.** [Bon. Alors, je propose de faire l'exposé ensemble. D'accord?]
4. [Un exposé? C'est pas mon truc, j'aime courir. J'aimerais mieux participer à la course. Et vous, vous faites votre exposé.]	**4.** Ein Referat? Das ist nicht mein Ding. Ich laufe gern. Ich würde lieber am Rennen teilnehmen. Und ihr könnt euer Referat halten.
5. Warum nicht? Das ist eine gute Idee. Aber du wirst nicht gewinnen. Du bist zu schlecht!	**5.** [Pourquoi pas? C'est une bonne idée. Mais tu ne vas pas gagner. Tu es trop nul!]
6. [Et toi, t'es pas sympa. Viens regarder la course! Tu vas avoir une surprise.]	**6.** Und du, du bist nicht nett. Komm und schau das Rennen an. Du wirst eine Überraschung erleben.
7. Wenn du willst. Da bin ich neugierig.	**7.** [Si tu veux. Je suis curieuse.]

Jeu de sons

5 [a] ou [wa]? (nach SB S. 51, Nr. 10)

50 **A** *Ecoute les mots. Quand est-ce que tu entends un* [a] *comme dans ma ou un* [wa] *comme dans moi? Coche les bonnes cases.*

		[wa]	[a]
1	bois	☐	☐
2	une oie	☐	☐
3	un gamin	☐	☐
4	une voiture	☐	☐
5	un savon	☐	☐

51 **B** *Ecoute les phrases. Quand est-ce que tu entends un* [a] *comme dans* ***ma*** *ou un* [wa] *comme dans* ***moi****? Coche les bonnes cases.*

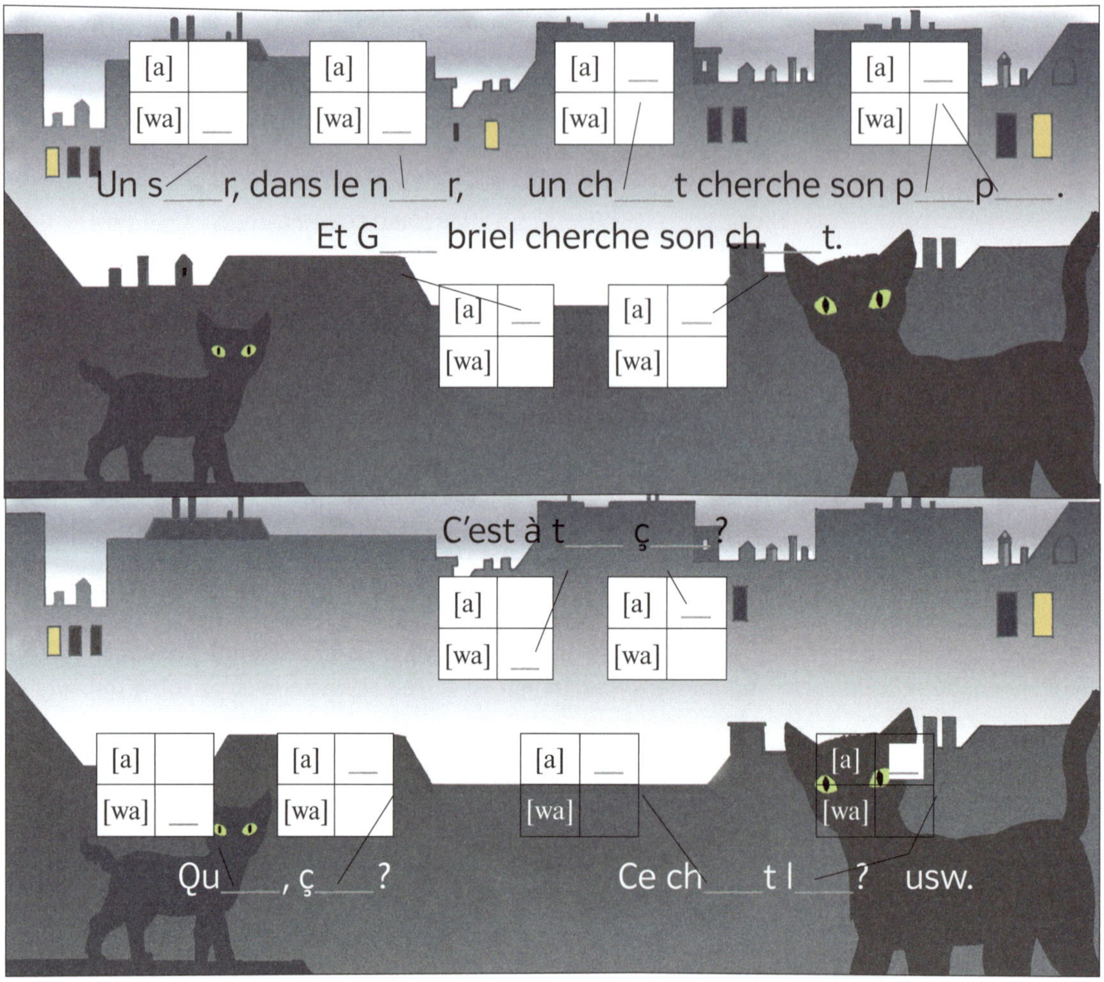

C *Maintenant, lis le poème. Fais attention à* [a] *et* [wa].

Un soir, dans le noir,
Un chat cherche son papa
Et Gabriel son chat
C'est à toi, ça?
Quoi, ça? Ce chat-là?
Oui, c'est à moi
Tiens, le voilà!

Atelier B

Jeu de mots

6 Trouve le verbe. (nach SB S. 53, Nr. 4)

A *Regarde les textes dans ton livre page 52 nº 1 et page 53 nº 4. Trouve dans ces textes le verbe qui va avec les mots donnés.*

1. penser — à la dispute / à son copain / à la course / à la fête / un peu

2. co — longtemps / le jeu / tout droit / un peu / ta phrase

3. ______ — la voiture / la course / de chanter / le bruit / tout de suite

4. ______ — dans son travail / ta montre / d'un kilomètre / toujours / plus vite

5. ______ — une minute / au lit / à faire / pour une fête / avec moi

6. ______ — à la maison / l'année prochaine / du collège / heureux / en forme

B *Travaillez à trois.*
Prenez ces six verbes et imaginez une histoire (... erfindet eine Geschichte).
Ecrivez au moins six phrases. (Schreibt mindestens sechs Sätze.)

C *Lisez votre histoire devant la classe.*

En forme

7 Viens ici. (G 11) (nach SB S. 52, Nr. 3)

Regarde les dessins. Complète les phrases. Utilise le verbe ***venir*** *(infinitif, impératif, présent, futur composé).*

Ecouter et écrire

8 Elles sont arrivées. (G 12) (nach SB S. 53, Nr. 7)

Marie et Naïma sont contentes, elles sont arrivées à l'heure.

52 *Ecoute et complète les phrases. Puis coche la bonne forme du participe passé.*

Elles sont contentes: 1. Elles sont ____ à l'heure.

arrivé.	
arrivée.	
arrivés.	
arrivées.	X

Elle est fatiguée: 2. ____ longtemps avec sa copine

resté.	
restée.	—
restés.	
restées.	

Il est content: 3. ____ dans les catacombes

entré.	—
entrée.	
entrés.	
entrées.	

Ils ne sont pas contents: 4. ____ en sport.

tombé.	
tombée.	
tombés.	—
tombées.	

Elles sont contentes: 5. ____ dans les catacombes.

descendu.	
descendue.	
descendus.	
descendues.	—

Elle est contente: 6. ____ à la maison

revenu.	
revenue.	—
revenus.	
revenues.	

En forme

9 Le sport, c'est la mort! (G 12) (vor SB S. 54, Nr. 8)

→ En plus S. 41, Nr. 2 △; S. 42, Nr. 4 △

Samedi soir, Marie écrit à Simone. Complète le texte. Utilise le passé composé.
Fais attention à l'accord du participe passé. (Achte auf die Angleichung des Participe passé.)

Chère Simone,

Aujourd'hui, je suis heureuse, je ne suis pas allée à Interclub. Je suis allée chez Alex et puis Alex et moi, nous sommes allées chez Léo. Mehdi, Sacha et Julien sont arrivés aussi, mais Jérôme n'est pas venu. Il est allé à un match de rugby. Nous avons écouté des CD. Tout à coup, Mme Pirou est ~~venue~~ allé dans la chambre et a dit: «Arrêtez ce bruit!» Nous sommes entrée dans le parc. Alex sont descendu longtemps. Moi, j'ai fait du foot avec les garçons. Et voilà, je ____ . J'ai eu très mal. Le sport, c'est la mort! Je ____ à la maison en taxi. Léo, Mehdi et Julien ____ dans le parc, mais Sacha sont venu avec moi. Il est sympa, Sacha! :-)) Bisou. Marie

~~aller~~
ne pas aller
~~aller~~
~~arriver~~
~~ne pas venir~~
~~aller~~
entrer
descendre
ne pas rester
tomber
rentrer
rester
~~venir~~

Médiation
Vis-à-vis

10 Fais l'interprète. (nach SB S. 54, Nr. 10)

Du begleitest Romain, den neuen Gastschüler aus Frankreich, ins Sekretariat deiner Schule. Du willst ihn beim Schulleiter vorstellen. Die Sekretärin spricht aber kein Französisch. Romain fühlt sich im Deutschen noch sehr unsicher. Du hilfst ihnen beim Gespräch. Arbeitet zu dritt. Nur der Dolmetscher arbeitet ohne Heft.

Sekretärin

1. Na, Romain, bleibst du dieses Jahr an unserer Schule?
3. Ein Trimester? Was bedeutet das? Frag ihn mal, ob er mir das erklären kann.
5. Frag ihn, ob er gute Noten hat.
7. Wieso 15? Diese Note kenne ich nicht.
9. Dann ist 1 eine sehr schlechte Note? Das ist seltsam.
11. Ich bedanke mich. Jetzt habe ich etwas gelernt. Ihr könnt jetzt zum Direktor gehen.

STRATEGIE

Beim Dolmetschen musst du nicht immer wörtlich übersetzen!

Romain

2. Non, je ne vais rester qu'un trimestre.
4. En France, l'année scolaire a trois parties. Et après chaque trimestre, il y a un bulletin.
6. Ça va. En maths, j'ai eu 15.
8. Chez nous, les notes vont de 1 à 20. 15 est une très bonne note.
10. Et ici, les élèves sont très heureux quand ils ont 1. Pour moi, c'est bizarre aussi.
12. Merci beaucoup, madame.

Lire

11 L'emploi du temps (nach SB S. 55)

Lis l'emploi du temps de Max, un élève de $4^{\text{ème}}$ d'un collège de Strasbourg et réponds aux questions.

<table>
<tr><th colspan="10">Emploi du temps 4ème D</th></tr>
<tr><th>Heures</th><th colspan="2">Lundi</th><th>Mardi</th><th colspan="2">Jeudi</th><th colspan="2">Vendredi</th><th colspan="2">Samedi</th></tr>
<tr><td>7h40 - 8h35</td><td colspan="2">Anglais LV1
S. 13</td><td>Français
S. 22</td><td colspan="2">Mathématiques
S. 26</td><td colspan="2">Mathématiques
S. 26</td><td>Mathé-matiques
S. 26 Sem. 1</td><td rowspan="2">Education physique et sportive
Gymnase 2</td></tr>
<tr><td>8h40 - 9h35</td><td colspan="2">Allemand LV2
S. 16</td><td>Sciences de la vie et de la terre (SVT)
S. 12</td><td colspan="2">Education musicale
S de Musique</td><td colspan="2">Allemand
LV2
S. 16</td><td></td></tr>
<tr><td colspan="10">Récréation</td></tr>
<tr><td>10h00 - 10h55</td><td colspan="2">Français
S. 22</td><td>Allemand LV2
S. 16</td><td>Physique-Chimie
S. 19
Sem. 1</td><td>SVT
S. 12
Sem. 2</td><td>Physique-Chimie
S. 19
Sem. 1</td><td>Vie de classe
S. 19
Sem. 2</td><td colspan="2">Français
S. 22</td></tr>
<tr><td>11h00 - 11h55</td><td colspan="2">Mathématiques
S. 26</td><td>Technologie
Techno 1</td><td colspan="2">Anglais LV1
S. 13</td><td colspan="2">Histoire & Géographie S. 20</td><td colspan="2"></td></tr>
<tr><td>12h00 - 12h55</td><td colspan="2"></td><td>Langue et culture régionalees
3ème B / 4ème D</td><td colspan="2"></td><td colspan="2"></td><td colspan="2"></td></tr>
<tr><td colspan="10">Pause / Cantine</td></tr>
<tr><td>13h25 - 14h20</td><td>Technologie
Techno 1
Sem. 1</td><td>Phy-sique-Chimie
S. 19
Sem. 2</td><td>Histoire & Géo-graphie
S. 21</td><td colspan="2">Education physique et sportive
Gymnase 1</td><td colspan="2">Anglais LV1
S. 13</td><td colspan="2"></td></tr>
<tr><td>14h25 - 15h20</td><td colspan="2">Histoire & Géo-graphie S. 21</td><td>Arts Plastiques
Arts plastiques</td><td colspan="2"></td><td colspan="2"></td><td colspan="2"></td></tr>
</table>

1. Combien d'heures de cours a Max par semaine? ________ heures. Et toi? Moi, j'ai ________ de cours.

2. Combien de minutes dure un cours en France? ________ mn. Et en Allemagne? ________

3. Qui est le professeur principal de Max? ________________________ Et le tien? ________

4. Max a ________ heures de français et moi j'ai ________ heures d'allemand. Il a ________ heures d'anglais et moi ________ heures. Moi, j'ai ________ heures de français et lui ________ heures d'allemand.

5. Trouve le nom de la matière.

a) Max apprend la langue et l'histoire de la région de Strasbourg. C'est le cours de ________________.

b) Le professeur principal de la classe discute avec ses élèves de leurs problèmes et de leurs projets.

C'est le cours de ____.

c) Max apprend à connaître la nature, les organismes vivants et les pierres pendant

le cours de ____.

6. Est-ce que tu aimes l'emploi du temps de Max? Justifie ta réponse. (2 ou 3 phrases)

____

____.

Ecouter et écrire

12 Une journée au collège (nach SB S. 54)

→ En plus S. 41, Nr. 3 △

A *Tu téléphones à ton copain français. Tu demandes: «Comment c'est, une journée chez toi? Raconte, par exemple, ce que tu as fait hier.» (Erzähle zum Beispiel, was du gestern gemacht hast.)*

53 *Ecoute la réponse de ton copain.*

Vis-à-vis

In vielen Schulen in Frankreich haben die Schüler am Mittwoch keinen Unterricht. Dann haben sie Zeit für ihre Hobbys.

L'emploi du temps de l'exercice n° 11, c'est l'emploi du temps de ton copain.

1. Il a eu combien d'heures de cours le matin? *(Ecoute bien.)*

   Il a eu _____ heures de cours.

2. Il a décrit quelle journée?

   Il a décrit le ________________

3. Il est rentré à la maison à quelle heure?

   ____

4. Qu'est-ce qu'il a fait à la maison?

   ___ __________ / __________

B *Ecris maintenant un courriel à ton copain. Raconte comment tu as passé la journée de jeudi ou de vendredi dernier. Utilise le passé composé. Ecris dans ton cahier.*

RÉBUS (Bilderrätsel)

Regarde, cherche et trouve!

J' ♥ les  ~~per~~dre  *l = d ; t = s*

Sa (un chat~~T~~) ♥ [une cour d'école] + IR

La solution du rébus: J'aime les vendredis. Sacha aime courir.

Pratique: tâches

Lire

13 Une journée au collège (nach SB S. 56)

→ En plus S. 41, Nr. 3 △

Lis le début du roman d'Anna Gavalda «35 kilos d'espoir», puis réponds aux questions. C'est l'histoire de Grégoire.

Je hais l'école.

Je la hais plus que tout au monde. Et même plus que ça encore … Elle me pourrit[1] la vie. Jusqu'à l'âge de trois ans, je peux dire que j'ai été heureux. Je ne m'en souviens plus vraiment, mais, à mon avis, ça allait[2]. […] Et puis, quand j'ai eu trois ans et cinq mois, patatras[3]! l'école.

Il paraît que, le matin, j'y suis allé très content. Mes parents avaient dû me bassiner[4] avec ça pendant toutes les vacances: «Tu as de la chance mon chéri, tu vas aller à la grande école …» «Regarde ce beau cartable[5] tout neuf! C'est pour aller dans ta belle école!» Et gnagnagna[6] … Il paraît que je n'ai pas pleuré. […] Il paraît que je suis revenu enchanté à l'heure du déjeuner, que j'ai bien mangé et que je suis retourné dans ma chambre raconter ma merveilleuse matinée à Grodoudou[7].

Eh bien, si j'avais su, je les aurais savourées[8], ces dernières minutes de bonheur, parce que c'est tout de suite après que ma vie a déraillé[9].

- On y retourne, a dit ma mère.
- Où ça?
- Eh bien … à l'école!
- Non.
- Non quoi?
- Je n'irai plus.
- Ah bon … Et pourquoi?
- Parce que ça y est, j'ai vu comment c'était, et ça ne m'intéresse pas. J'ai plein de trucs à faire dans ma chambre. […] alors je n'ai plus le temps d'y aller.

© D'après Anna Gavalda *«35 kilos d'espoir»*

1. A quel âge est-ce que Grégoire entre à l'école? ______________________ .

2. Trouve dans le texte les mots français pour

hassen ______________________; entzückt ______________________; weinen ______________________

3. Pourquoi est-ce que Grégoire ne veut pas retourner à l'école?

☐ Il n'aime pas sa prof.

☐ Il n'a pas le temps.

☐ L'école ne l'intéresse pas.

4. Grégoire raconte sa merveilleuse matinée à Grodoudou. Imagine ce qu'il dit à Grodoudou.

Tu sais, mon Grodoudou, aujourd'hui je suis allé à l'école … ______________________

____

5. Médiation: Au CDI, un copain te demande un résumé du livre d'Anna Gavalda. Raconte.

Es ist die Geschichte von Grégoire … (40 mots) ______________________

____

1 pourrir gründlich vermiesen **2 ça allait** es ging **3 patatras!** Bums! **4 bassiner qn** jdm auf die Nerven gehen **5 un cartable** ein Schulranzen **6 gnagnagna** blablabla; **7 Grodoudou** Kosename des Kuscheltiers **8 savourer** genießen **9 dérailler** entgleisen

Bilan

1 Parler et écrire (nach SB S. 57, Nr. 1)

→ En plus S. 41, Nr. 1 △

Ich kann **Vorschläge** machen und auf Vorschläge reagieren.

Regarde dans ton livre page 51 n° 8. Puis complète les phrases.

1. Je ____________ faire du foot. – Moi, j'____________ faire du rugby.

2. Tu ____________ pour aller au parc? – Non, ça ne ____________.

3. On ____________ devant le collège? – Si ____________.

2 En forme (nach SB S. 57, Nr. 2)

Ich kann die Verben ***pouvoir, vouloir*** und ***venir*** verwenden.

1. *Mehdi:* Vous V____________ chez moi cet après-midi? Faire un jeu vidéo? **2.** *Marie et Sacha:* Non, nous ne p____________ pas venir. Nous V____________ aller à la bibliothèque. Mais, V____________ avec nous. Julien et Léo V____________ aussi. Ils V____________ préparer un exposé. **3.** *Mehdi:* Non, je ne p____________ pas venir. Mon frère V____________ faire le jeu vidéo avec moi.

3 Parler et écrire (nach SB S. 58, Nr. 4)

→ En plus S. 41, Nr. 2 △; S. 42, Nr. 4 △

Ich kann **erzählen**, was **passiert ist**, und dabei **Zeitadverbien** verwenden.
Ich kann bei **Passé composé**-Formen mit ***être*** das **Participe passé** angleichen.

Alexandra raconte: à dix heures | ~~aujourd'hui~~ | puis | à midi | après | d'abord | à huit heures moins dix

1. Aujourd'hui, je ____________ *(arriver)* au collège ____________.

2. ____________, Marie et moi, nous ____________ *(rester)* dans la cour.

3. ____________, Léo et moi, nous ____________ *(aller)* dans la salle de M. Dubois.

4. ____________, les élèves ____________ *(descendre)* dans la cour pour la récréation.

5. ____________, Léo ____________ *(venir)* avec moi à la cantine.

6. ____________, tout le monde ____________ *(rentrer)* à la maison.

De quel jour parle Alex? Elle parle du ____________.

Die Lösungen findest du auf S. 112.

En plus: différenciation

Lire et parler

1 Ce n'est pas mon truc.

△ *Quelle expression française va avec quelle expression allemande?*
Relie les expressions entre elles. (Ziehe Linien.)

Damit kann ich nichts anfangen. | Wollen wir zusammen eine DVD anschauen? | Si tu veux.

Tu es d'accord pour regarder un DVD? | Wollen wir zusammen arbeiten? | Ça n'est pas mon truc.

Je veux bien. | Wenn du willst. | Je n'ai pas envie de travailler. | On travaille ensemble?

Gern. | Ich habe keine Lust zu arbeiten. | Ich würde lieber eine CD hören.

Ça ne me dit rien. | J'aimerais mieux écouter un CD. | Das ist nicht mein Ding.

En forme

2 Attention aux participes passés!

△ *Complète le texte. Utilise le passé composé. Fais attention à l'accord du participe passé.*

1. Les copains ______________ à 10 heures. — arriver
2. Marie et Alex ______________ dans l'escalier. — tomber
3. Marie ______________ à l'infirmerie. — aller
4. Alex ______________ à la maison. — rentrer
5. Léo ______________ dans la salle de cours. — rester

Ecouter et regarder

3 Au collège

△ *Ecoute le document, puis mets les photos dans le bon ordre.*
54 *Tu peux aussi regarder la vidéo.*

En forme

4 Ensemble, c'est génial!

Retrouve le texte. Ajoute des verbes.
Il y a plusieurs possibilités.
Utilise le passé composé. Vous pouvez travailler à deux.

1. J'ai eu ______ une bonne idée: faire un exposé sur la dernière coupe du monde de football.

2. Je ______ au CDI. **3.** Mes copains ______ aussi.

4. J' ______: «Je vais faire un exposé sur la dernière coupe du monde de foot. On travaille ensemble?» **5.** Mes copains ne ______ à la maison, ils ______ avec moi au CDI. **6.** On ______ ensemble.

7. J' ______ des livres, j' ______ des notes, j' ______ des questions à Marie, et nous ______ sur Internet, mais nous n' ______ rien ______.

8. A 16 heures, Alex ______. **9.** Sur Internet, elle ______ un site avec des photos géniales. **10.** Enfin, Marie et Alex ______ avec moi à la maison … et avec un exposé super.

Médiation

5 En France

Du bist mit deinen Eltern in Paris. Ihr sucht die Rue Marcel Pagnol und seht das Schild rechts.
Dein Vater sagt beeindruckt:
„Hier gibt es aber viele Schulen, sogar ein Gymnasium."
Du antwortest: „Kleiner Irrtum!
Das Schild bedeutet, dass

______

______

Parler

6 Quel exercice a gagné?

Regarde encore une fois dans ce cahier les exercices de l'unité 3.
Quel exercice est-ce que tu as aimé le mieux?
(Welche Übung hat dir am besten gefallen?)
Donne un premier, un deuxième et un troisième prix.
Est-ce que tes camarades sont d'accord avec toi?
Discutez.

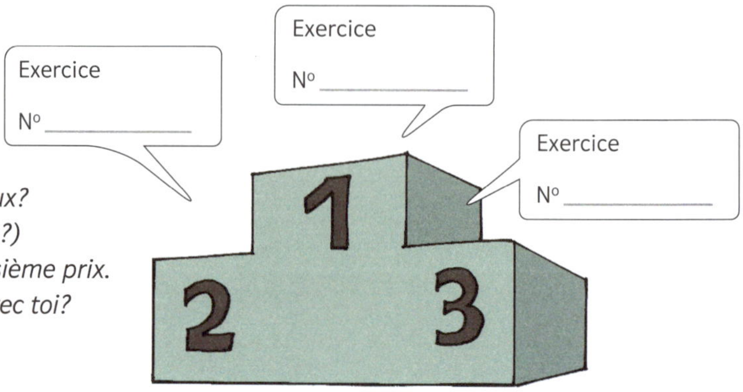

Un peu d'entraînement

→ Die Lösungen findest du auf S. 112.

Jeu de mots

1 Bon appétit!

A *Fais les mots croisés.*

Horizontalement:

2. Je voudrais une  .
3. On mange? Vous avez … ?
6. Venez à  !
9. A midi, je mange à la … du collège.
10. Prends une  .
11. Ce n'est pas chaud, c'est … !
12. On va au restaurant. Qu'est-ce que vous voulez … ?

Verticalement:

1. Mange une  .
4. Hmm, c'est … !
5. Tu veux … une quiche?
7. Ce n'est pas froid, c'est … !
8. J'ai faim et j'ai … !

Lösungswort:

								M	E	N	T	H	E

B *Die gelb unterlegten Buchstaben ergeben in der richtigen Reihenfolge den „Vornamen" eines beliebten französischen Sirup-Getränks. (Die* ***Liste des mots*** *in deinem Buch kann dir helfen.)*

En forme

2 Vous aimez manger à la cantine?

A *Complète le dialogue.*

1. *Sacha:* Moi, j'aime les repas à ___ cantine.
   Je mange toujours avec ___ même copain.
   Mais j'ai ___ autre copain
   qui rentre toujours à ___ maison pour manger.
2. *Julien:* Moi, je trouve que ça fait ___ vraie pause quand on rentre à midi.
   A ___ école, il y a ___ élèves qui font trop ___ bruit.
   Et souvent, on ne trouve pas ___ place là où on veut.
   Et puis, moi, j'adore ___ bons repas de maman!

B *Et toi, tu aimes manger à la cantine? Pourquoi (pas)? Ecris quelques phrases dans ton cahier.*

Unité 4

Fou de cuisine!

Atelier A

Jeu de mots

1 Les courses des Pirou (G 13) (nach SB S. 61, Nr. 1)

→ En plus S. 53, Nr. 1A, B △

Qu'est-ce que les Pirou ont acheté aujourd'hui?
Complète le texte. Utilise **des, du, de l', de la**.

1. Comme fruits, ils ont acheté des bananes, des oranges et des citrons
2. Comme boissons, ils ont acheté du lait, d'eau et L'huile d'olive pur jus d'oranges
3. Comme légumes, ils ont pris des pommes de terre et des tomates
4. Et puis, ils ont acheté d'oeufs et le farine

En forme

2 A propos du texte (G 14) (nach SB S. 61, Abschnitt 1)

Relis la partie 1 du texte page 61 dans ton livre, puis complète les phrases.
Utilise ***il faut / il ne faut pas*** *ou* ***il faut faire / il ne faut pas faire***.

1. Léo parle à son père: Ecoute, papa, il ne faut pas attendre. — ~~attendre~~
2. Il ______ maintenant. — faire les courses
3. Pour la salade, ______ — des olives
4. ______ — aussi un citron
5. Pour la salade, ______ — ~~citron~~
6. Si, c'est pour le rince-doigts. ______ — ~~oublier le citron~~

______ pour le rince-doigts. *M. Pirou:* Tu penses à tout, Léo!

Lire et écrire

3 Devinette (Rätsel) (G 16) (nach SB S. 63, Nr. 4)

→ En plus S. 53, Nr. 1C △

A *Trouve l'image qui correspond à la définition. (Finde das Bild, das der Definition entspricht.) Ecris le bon numéro dans la case.*

1. Il **en** faut un pour écrire.
2. On **en** met plusieurs sur le gâteau d'anniversaire.
3. Les professeurs **en** donnent aux élèves.
4. Il y a beaucoup de gens qui **en** boivent pendant les repas.
5. Quand on n'**en** a pas, on ne peut rien acheter.
6. Il y **en** a beaucoup dans une école.
7. Une journée **en** a vingt-quatre.

B *Ecris deux autres devinettes dans ton cahier. Utilise* ***en****. Pose tes devinettes à un partenaire.*

En forme

4 Interviews (G 13, 15, 16) (nach SB S. 63, Nr. 5)

Les élèves font des interviews.

des	de l'
de	d'
	en

A *Quelle question va avec quelle réponse? Dessine des flèches.*

B *Complète les questions et les réponses.*

Bonjour, monsieur, vous buvez combien _____ cafés par jour?

Bonjour, madame, vous avez là des bouteilles _____ eau minérale. Vous buvez souvent _______ eau?

Bonjour, madame, vous avez _______ fruits dans votre sac?

Ah oui, j' _____ bois deux litres par jour.

Oui, j'ai acheté deux kilos _____ pommes et trois kilos _____ oranges. Moi, je ne mange pas _____ fruits, mais ma fille _____ mange beaucoup.

J'_____ bois trop. 10 tasses _____ café par jour, je trouve que c'est trop.

Ecouter et écrire

5 Des listes d'achats (Einkaufslisten) (G 13, 15, 16) (nach SB S. 64, Nr. 6)

62–64

A *Lis les listes d'achats, puis écoute les scènes. Qui fait quelles courses? Dessine des flèches entre la photo et la bonne liste.*

du pain
(2 baguettes)
2 litres de lait
5-6 bananes
2 kilos de pommes de terre
une salade

3 litres de lait
du chocolat
12 œufs
1 kilo de farine

8 bananes
1 kilo de pommes
250 grammes d'olives
1 kilo d'oranges
une salade

B *Complète le texte.*

1. Marie quitte ______ appartement pour faire ______ courses au marché.

2. *Marie:* Bonjour, monsieur. Je voudrais ______ pommes, s'il vous plaît,

et ______ oranges: euh, ______ kilo ______ oranges et deux kilos ______ pommes.

3. *Vendeur:* Tu as ________ chance. Voilà ______ dernières oranges. Et avec ça?

4. *Marie:* ________ bananes, s'il vous plaît.

5. *Vendeur:* Tu prends combien ______ bananes?

6. *Marie:* J'______ prends huit.

7. ______ vendeur met ______ pommes, ______ oranges et dix bananes dans ______ sac.

8. *Vendeur:* Voilà ______ sac, mademoiselle. Et avec ça?

Marie: C'est tout, merci. Ça fait combien?

9. Marie paie et rentre à ______ maison.

la
les
un
de la
l'
de
d'
en
le
des

C *Marie n'a pas fait attention. Et le vendeur a fait des fautes aussi. Regarde la liste d'achats de Marie (→ partie A) et trouve les fautes.*

1. Marie a acheté ______________________________

2. Le vendeur donne ______________________________

3. Marie a oublié d'acheter ______________________________

Atelier B

Jeu de mots

6 Sur la table (nach SB S. 65, Nr. 1)

A *Sept objets de l'image (*) sont dans ce tableau.*

__	A	C	I	R	E	S	T	__	O	I
__	C	E	__	__	__	__	__	__	__	__
__	A	M	C	D	M	L	A	__	I	N
__	I	A	__	__	__	M	R	__	W	C
E	V	O	I	L	E	N	A	__	A	D
C	__	__	__	__	__	__	__	__	N	X
L	V	O	I	L	E	I	X	__	E	T
E	__	__	__	__	__	__	__	__	__	__
C	O	M	L	I	R	E	L	__	I	A
A	L	__	__	__	__	__	A	E	O	Z

CHARADE

Mon premier est la première partie du mot français du Canada pour «e-mail».
Mon deuxième est le contraire de «tard».
Mon tout est aussi sur la table.

Solution: __ __ __ __ __ __ __

B *Fais une première phrase avec les mots qui riment avec [ɛʀ] et une deuxième phrase avec les mots qui riment avec [ɛt]. Ecris les phrases dans ton cahier.*

Parler

7 A table (nach SB S. 67, Nr. 6)

→ En plus S. 53, Nr. 2 △

In der Familie deiner Austauschpartnerin / deines Austauschpartners isst du zu Abend. Einigt euch, wer welche Rolle übernimmt. Knicke das Blatt an der gestrichelten Linie. Mit den eckigen Klammern könnt ihr euch kontrollieren. Wechselt danach die Rollen.
Jouez la scène.

STRATEGIE

Es geht nicht um das wörtliche Übersetzen!

Toi	Ta correspondante / Ton correspondant
1. [Tu veux encore des frites?]	**1.** Du siehst, dass sie / er keine Pommes frites mehr auf dem Teller hat, und fragst, ob sie / er noch welche möchte.
2. Du möchtest noch welche und sagst, dass sie gut schmecken.	**2.** [Oui, je veux bien. Elles sont bonnes.]
3. [Tu me passes le pain, s'il te plaît?]	**3.** Du bittest sie / ihn, dir das Brot zu reichen.
4. Das machst du und fragst, ob sie / er dir das Wasser herüberreichen kann.	**4.** [Oui, voilà. Tu peux me passer l'eau, s'il te plaît?]
5. [Tu veux un peu de fromage?]	**5.** Etwas später fragst du, ob sie / er ein bisschen Käse haben möchte.
6. Du lehnst dankend ab, weil du nie Käse isst.	**6.** [Non, merci. Je ne mange jamais de fromage.]
7. [Comme dessert, tu veux du gâteau ou des fruits?]	**7.** Du fragst, ob sie / er zum Nachtisch Kuchen oder Obst haben möchte.
8. Du hast zwar keinen Hunger mehr, nimmst aber gern Kuchen, weil du ihn sehr magst.	**8.** [Je veux bien! Je n'ai plus faim, mais je prends du gâteau parce que j'adore ça.]

En forme

8 Tu connais ces verbes? (vor SB S. 67, Nr. 7)

Complète le tableau.

acheter	préférer	______	______	______
tu ______	tu ______	il espère	il paie	on ______
j'______	je ______	nous ______	vous ______	nous ______
nous achetons	vous ______	ils ______	je paie	ils boivent
ils ______	elles ______	tu ______	elles paient	tu ______
vous ______	on ______	j' ______	tu ______	vous ______
elle ______	nous ______	vous ______	nous ______	je ______
j'ai ______	j'ai ______	j'ai ______	j'ai payé	j'ai ______

Stratégie Médiation

9 En allemand (nach SB S. 67, Nr. 7)

→ En plus S. 54, Nr. 5 △

A *Du bist mit einem Freund, der kein Französisch kann, zu Tisch in Frankreich. Du möchtest ihm übersetzen, was die französischen Gastgeber sagen. Manche Wörter verstehst du nicht. Die Franzosen erklären es dir. Wenn du die Erklärung verstanden hast, schreibe das deutsche Wort auf.*

1. – Ces fruits sont difficiles à éplucher.
– «Eplucher», qu'est-ce que ça veut dire?
– Regarde. On fait ça avec une orange.
[ ]

2. – Tu aimes les glaces à la vanille?
– Qu'est-ce que c'est, «glace»?
– C'est un dessert, très froid.
[ ]

3. – Tu trouves cette orange acide?
– Je ne comprends pas «acide».
– C'est le contraire de «très sucré».
[ ]

4. – Tu me passes le sel, s'il te plaît?
– Le «sel»?
– C'est comme du sucre, mais ce n'est pas du sucre.
[ ]

Ah ja, „éplucher" bedeutet ______________ .

Dann bedeutet „glace à la vanille" sicher „______________".

Ich verstehe, „acide" heißt ______________ .

Klar, „sel" ist ______________ .

B *Welche Strategien wenden die Gastgeber an? Ecris les lettres dans les bonnes cases.*
Vergleich = ***a****; Oberbegriff =* ***b****; Gegenteil =* ***c****; Erklären mit Zeigen =* ***d****.*

eu de sons

10 [ɥi] ou [i]? (vor SB S. 65, Nr. 2)

65 **A** *As-tu bien entendu [ɥi] ou [i]? Mets une croix dans la bonne case.*

	[ɥi]	[i]
qui		☐
fruit	☐	
juillet	☐	
quitter		☐
guider		☐
le fil		☐
aujourd'hui	☐	
lui	☐	
ici		☐
guitare		☐
la nuit	☐	
la cuisine	☐	☐

66 **B** *Ecris correctement les phrases phonétiques ci-dessous.*
[ləgidkikɥizinynkiʃdɑ̃lakɥizin]

1. ______________________________

[lagitarkikridəpɥiminɥi]

2. ______________________________

[mɛrsiosiasəlɥikidilaverite]

3. ______________________________

67 **C** *Ecoute les phrases.*
Puis colorie les [ɥi] (comme dans «oui») en jaune et les [i] (comme dans «ici») en vert.

Qui fait du bruit dans la cuisine avec sa guitare aujourd'hui?

Depuis minuit, il cherche une cuillère d'huile pour faire une quiche.

D *Lis la première phrase à haute voix (… laut), puis ferme ton cahier et écris cette phrase sur une feuille. Ouvre ton cahier pour vérifier. Fais la même chose avec la deuxième phrase.*

Pratique: tâches

Stratégie

11 La méthode «set de table» (zu SB S. 69, Nr. 2B)

*Hier findet ihr eine prima Methode,
die Aufgabe 2B auf Seite 69
eures Buches durchzunehmen.
Die Aufgabe lautet „Formez des groupes de quatre
et trouvez un menu que tout le monde aime.
Présentez ce menu devant la classe."*

STRATEGIE

Manchmal ist es bei Gruppenarbeit schwierig, sich auf ein Ergebnis zu einigen, weil es ganz viele Ideen gibt. Da kann es helfen, wenn man in drei Schritten vorgeht:

1. Schritt	**Réfléchir** (Nachdenken)	Erst **allein nachdenken** und seine Ideen **aufschreiben**
2. Schritt	**Echanger** (Austauschen)	Sich **mit einem Partner** oder in der **Gruppe austauschen**
3. Schritt	**Partager** (Teilen)/ **Présenter** (Präsentieren)	Sich auf ein **Gruppenergebnis** einigen und es **aufschreiben**

Gruppenergebnis sind **die Ideen**, die am häufigsten vorkommen oder die den meisten Gruppenmitgliedern gefallen.

*Damit die Ideen übersichtlich verglichen werden können, hilft ein **„set de table"** (das heißt auf Deutsch: Platzdeckchen). So kann es aussehen:*

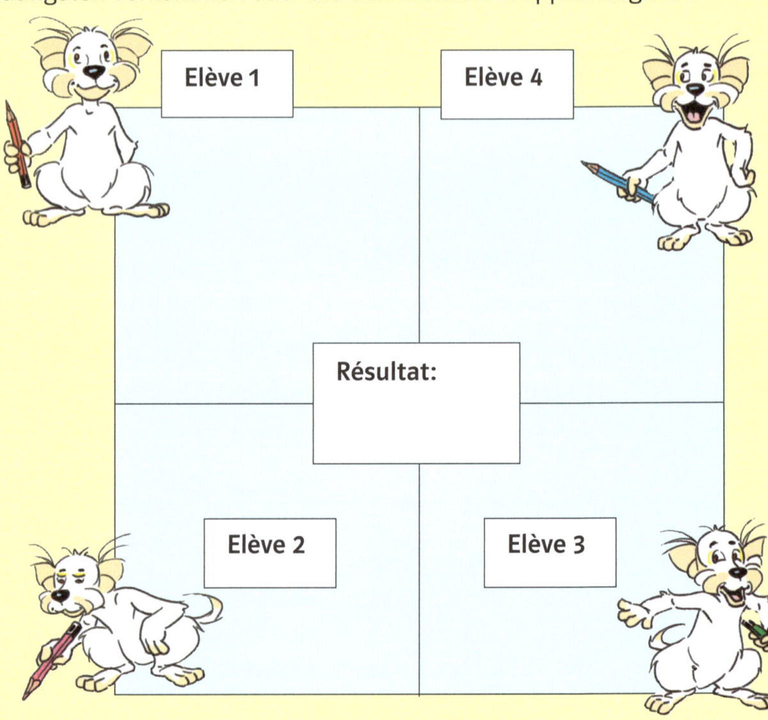

Ihr könnt euch selbst ein „Platzdeckchen" (möglichst im Format DIN-A3) anfertigen. Im Internet steht aber auch eine Kopiervorlage zur Verfügung, die gut auf DIN-A3 vergrößert werden kann.

Und so funktioniert es:
1. *Jedes Gruppenmitglied schreibt in „sein" Feld sein Lieblingsessen.*
2. *Ihr tauscht euch über die vorgeschlagenen Lieblingsessen aus.*
3. *Ihr einigt euch auf das Lieblingsessen der Gruppe und schreibt es in das mittlere Feld.*

Zum Abschluss könnt ihr das Lieblingsessen der Gruppe in der Klasse vorstellen.

Et maintenant, faites en groupe l'exercice 2B de votre livre (page 69).

Pratique

Ecrire

12 Mes repas en Allemagne (nach SB S. 69)

→ En plus S. 53, Nr. 2 △; S. 54, Nr. 3 △

Décris une journée typique à ta / ton corres[1]. Parle de tes repas.
Qu'est-ce que tu manges, et où? Qu'est-ce que tu bois?
Les mots des images peuvent t'aider. Regarde aussi dans ton livre (pages 65 – 67).

le pain de mie

le thé

une tartine de confiture

Pain complet et jambon

une soupe

un concombre

le poivron, vert, rouge, jaune

Au petit-déjeuner, je suis ______

Je mange ______

______

______

______

Et je bois ______

A midi, je suis ______

Là, je mange ______

______

______

______

______

Souvent, je bois ______

Le soir, je suis ______

Il y a ______

______

______

______

Comme boisson, je prends ______

PORTFOLIO

Tu peux aussi écrire ton texte sur une feuille, ajouter des dessins et mettre la feuille dans ton portfolio.

Vis-à-vis

In Frankreich wird in der Regel mittags **und** abends warm gegessen. Brot gibt es nur als Baguette dazu. Manche Franzosen finden das deutsche Abend**brot** aber sehr praktisch, weil man es nicht so lange in der Küche zubereiten muss. Trotzdem möchten die meisten Franzosen aber nicht jeden Abend kalt essen.

1 **un / une corres:** Kurzform für *un correspondant / une correspondante* (Austauschpartner / in)

Die Lösungen findest du auf S. 112.

Bilan

1 Vis-à-vis (nach SB S. 62, Nr. 2)

→ En plus S. 53, Nr. 2 △; S. 54, Nr. 5 △

Ich kenne mich schon aus, wenn es um das **Einkaufen** und **Essen** in Frankreich geht.

1. Tu fais les courses au marché. Tu veux savoir combien il faut payer. Qu'est-ce que tu demandes?

☐ C'est tout? ☐ Ça fait combien? ☐ Et avec ça?

2. Tu vas dans une boulangerie où tu veux acheter ce pain.  Qu'est-ce que tu dis?

Une ______________________ plaît.

3. En France, ton corres veut manger un steak-frites et boire de l'eau. Sur la table, il a mis une assiette, un verre et un couteau. Qu'est-ce qu'il a oublié de mettre? Il a oublié ______________________

4. Mets les parties d'un menu français dans le bon ordre. Ecris les chiffres 1 à 4 devant les plats.

____ Fromage   1 Entrée   ____ Dessert   ____ Plat principal

5. Tu es à table en France. On demande: «Tu reprends de l'eau?» Qu'est-ce que tu réponds?

☐ C'est mon plat préféré! ☐ Je n'ai plus faim. ☐ Je veux bien, merci.

2 En forme (nach SB S. 63, Nr. 4)

→ En plus S. 53, Nr. 1 △; S. 54, Nr. 4 △

A Ich kann die Teilungsartikel ***du, de l', de la*** und den unbestimmten Artikel Plural ***des*** verwenden.

Léo achète __________ tomates, __________ huile d'olive, __________ sucre et __________ farine.

B Ich kann den Ausdruck ***il faut*** verwenden.

~~eau~~ / limonade: **1.** Pour faire un diabolo menthe, il ______________________ d'eau, mais ____________ de la limonade[1].

mettre du sirop de menthe / ~~mettre de l'alcool~~: **2.** Puis ______________________ du sirop de menthe dans le verre. Mais ______________________ d'alcool.

C Ich kann **Mengenangaben** verwenden.

Pour faire des gaufres, il faut ____________ beurre,

____________ farine,

1/2 ____________ lait, un ____________ sel,

____________ sucre en poudre et _____ œufs.

Pour 4 personnes
beurre (80 g)
farine (250 g)
lait (1/2 litre)
sel (un peu)
sucre en poudre (50 g)
œufs (3)

1 **la limonade** Eine Art Limo

En plus: différenciation

En forme

1 L'anniversaire de M. Pirou

△ **A** *Mets ici les articles définis* ***le, la, l', les.***
Fais attention au singulier et au pluriel.

M. Pirou aime

1. le______ saucisson, **2.** ______ viande,

3. ______ eau minérale, **4.** ______ gaufre**s**,

5. ______ chocolat et … ______ cadeau**x**, bien sûr.

B *Mets ici les articles* ***du, de la, de l', des.***

Alors, pour l'anniversaire de M. Pirou,
Mme Pirou achète

1. du______ saucisson, **2.** ______ viande,

3. ______ eau minérale, **4.** ______ gaufres,

5. ______ chocolat et … ______ cadeaux, bien sûr.

C *Regarde la phrase. Il manque un mot. (Es fehlt ein Wort.) Ajoute ce mot au bon endroit.*

Mme Pirou achète de l'eau minérale? – Oui, elle ______ achète ______ 12 ______ bouteilles.

Parler et écrire

2 J'ai faim!

△ *Que disent les gens?*
Complète les phrases.

2. passer – le pain?

3. être – très – bon – excellent

4. gâteau? – fruits?

5. Non – ~~faim~~

6. boire – tasse – café?

Ecrire

3 Dis-moi dix mots.

△

Vis-à-vis

Der Sprachwettbewerb „Dis-moi dix mots" findet jährlich in allen französischsprachigen Ländern statt. Jeder kann an diesem Wettbewerb teilnehmen. Dabei schreibt man eine Geschichte mit zehn vorgegebenen Wörtern.
Das kannst du auch schon!

Raconte une histoire et utilise ces 10 mots:

bon, chocolat, copains, gâteau, huile d'olive, manger, inviter, préparer, salade, saucisson

PORTFOLIO *Tu peux mettre ton histoire dans ton portfolio.*

Ecouter et regarder

4 On fait des crêpes.

△

Ecoute et regarde le texte et les images. Trouve les mots.

68

1. Pour faire des crêpes, il faut

de la farine, 400 g,

1/2 litre

2 cuilléres à soupe

d'huile

2 cuilléres à soupe

5 oeufs

Et puis un peu d'arôme de vanille.

2. – «Une louche», qu'est-ce que c'est?
– Regardez, c'est comme une grande cuillère.
– Ah ja, «louche» bedeutet

____

3. N'oubliez pas de laisser reposer

la _______________ avant de

la _______________.

Vous voulez faire des crêpes en classe? Regardez la vidéo et cherchez une recette sur Internet.

Médiation

5 Un baiser?

△

Ta corres française est chez toi. Vous voulez faire un dessert pour ta famille. Vous trouvez une recette qui s'appelle „Himbeerdessert mit Baiser". Ta corres rigole. Elle dit: «En français, un ***baiser****, c'est un autre mot pour une* ***bise****.» Maintenant, c'est toi qui rigoles. Tu expliques:*

En allemand, un «baiser», c'est _______________

____

PORTFOLIO

Das kann ich schon! (nach Unités 3 – 4)

Selbsteinschätzung: *Hier kannst du feststellen, wie fit du bist. Kreuze an, auf welcher Farbe deine Ampel steht (linke Ampel). Wenn du unsicher bist, wiederhole die Übungen, die in der rechten Spalte angegeben sind.*

Partnereinschätzung: *Ihr könnt euch auch gegenseitig einschätzen (rechte Ampel).*

Selbsteinschätzung am: ____________ *Datum*   Partnereinschätzung am: ____________ *Datum*

Sich auf Französisch verständigen	Selbst	Übungen	Partner
Ich kann Vorschläge machen und auf sie reagieren (z. B. zustimmen oder ablehnen).	● ● ●	SB S. 51, Nr. 8 CdA S. 40, Nr. 1	● ● ●
Ich kann verstehen, wenn mir ein französischer Schüler seinen Tagesablauf erzählt, und ich kann meinen eigenen Tagesablauf beschreiben.	● ● ●	CdA S. 39, Nr. 13	● ● ●
Ich kann eine kleine Geschichte erfinden, die sich in der Vergangenheit abgespielt hat, und sie erzählen.	● ● ●	SB S. 54, Nr. 9	● ● ●
Ich kann ein Einkaufsgespräch verstehen und führen.	● ● ●	SB S. 63, Nr. 4, 5 CdA S. 46, Nr. 5	● ● ●
Ich kann meine Wünsche bei Tisch ausdrücken (z. B. sagen, was ich mag oder nicht mag, um etwas bitten oder etwas ablehnen). Ich kann auf die Wünsche anderer reagieren (z. B. etwas reichen).	● ● ●	SB S. 67, Nr. 6 CdA S. 47, Nr. 7	● ● ●
Ich kann mein Lieblingsessen beschreiben.	● ● ●	SB S. 69, Nr. 2	● ● ●
Ich kann schon eine einfache Erzählung eines französischen Autors im Original lesen und verstehen.	● ● ●	CdA S. 39, Nr. 13	● ● ●
Mediation: Bei einem Gespräch über die Schule kann ich als Dolmetscher helfen.	● ● ●	CdA S. 37, Nr. 10	● ● ●
Mediation: Ich kann ein französisches Originaldokument (z. B. ein „bulletin scolaire") auf Deutsch erläutern.	● ● ●	SB S. 54, Nr. 10	● ● ●
Hier und dort			
Ich kenne einige Besonderheiten des französischen Schulalltags und kann sie mit meinem eigenen vergleichen.	● ● ●	SB S. 56, Nr. 1 CdA S. 37, Nr. 11	● ● ●
Ich kenne einige Besonderheiten des Essens in Frankreich und kann sie mit meinen Essgewohnheiten vergleichen.	● ● ●	SB S. 66, Nr. 4 CdA S. 51, Nr. 12	● ● ●
Gewusst, wie ...			
Ich kann einen Text in Sinnabschnitte unterteilen.	● ● ●	SB S. 64, Nr. 6 CdA S. 39, Nr. 13	● ● ●
Ich kenne einige Techniken, um ein Wort zu umschreiben, wenn ich nicht weiß, wie es auf Französisch heißt.	● ● ●	CdA S. 48, Nr. 9	● ● ●

Parler / Ecouter / Ecrire / Lire / Médiation

Vis-à-vis

Stratégie

Wo hast du die grüne Ampel angekreuzt?
Übertrage diese Einträge auf das Poster am Ende des „Cahier".

Die Lösungen findest du auf S. 113.

Révisions (nach Unités 3 – 4)

Les mots et les lettres

1 Trouve les fautes.

Jérôme, le petit frère d'Alex, a écrit ce texte dans son cahier. Quelles fautes est-ce que sa professeure va corriger? Souligne et corrige ces fautes. (Il y a une faute par ligne.)

e

Ma sœur et moi, nous mangons à la cantine du collège.

Nous paions 5 euros pour un repas. C'est bien!

J'ai des copains qui préférent rentrer manger à la maison.

ou qui achetent quelque chose à la boulangerie.

Le dimanche, à midi, nous mangons ensemble, maman, papa, Alex et moi.

Souvent, mes parents appelent grand-mère pour manger avec nous.

Mon père répete chaque fois: «Ah, un repas en famille, c'est super!»

C'est vrai, mais là, nous commencons toujours pas à parler de mes notes.

Jeu de mots

2 L'allemand et le français

*Ecris en français. Attention aux **articles** (quand il y en a)!*

1. Auf dem Markt gibt es Käse, Obst und viel Gemüse.

2. Clara kauft eine Flasche Mineralwasser, Mehl, Eier und Zucker.

3. Clara liebt Crêpes.

4. Julien kauft Brot und einen Kuchen.

5. Jetzt haben wir Hunger und Durst.

On prépare le DELF (nach Unités 1–4)

DELF-Prüfung

Mit dem DELF-Zeugnis hast du einen Trumpf in der Hand! Mit den folgenden Übungen kannst du für die Prüfung trainieren. Die Aufgaben entsprechen schon fast dem Niveau einer echten Prüfung DELF scolaire A1.
Zum Ablauf: *Für das Hörverstehen hast du ungefähr 20 Minuten Zeit; starte die Tonaufnahme, alle Pausen sind berücksichtigt. Für das Leseverstehen und das Schreiben stehen dir jeweils 30 Minuten zur Verfügung. Der 4. Prüfungsteil, Sprechen, dauert 5–7 Minuten, plus 10 Minuten Vorbereitung.*
Hinweis: *Lass dich bei den Aufgaben nicht dadurch verwirren, dass du einige Wörter nicht kennst. Auch bei der „echten" DELF-Prüfung tauchen unbekannte Wörter auf, die du aber durch den Zusammenhang meistens verstehen kannst.*
Zur Punktevergabe findest du auf S. 113 weitere Informationen.

1 Compréhension de l'oral

Teil 1	
points	tes points
25	

Pour répondre aux questions, cochez la bonne réponse ou écrivez l'information demandée.

70 **Exercice 1** *Vous allez entendre deux fois un document. Il y aura 30 secondes de pause entre les écoutes. Puis vous aurez 30 secondes pour vérifier vos réponses.*
Lisez les phrases.

				points	tes points
				4	
1. Julien téléphone à	☐ Marc.	☐ Mehdi.	☐ Laurie.	1	
2. Il va au cinéma avec	☐ son père.	☐ Marc.	☐ ses copains.	1	
3. Demain, Julien va faire	☐ un exposé.	☐ un contrôle.	☐ le journal du collège.	1	
4. Le rendez-vous est à	☐ 	☐ 	☐ 	1	

Exercice 2 *Vous allez entendre deux fois un document. Il y aura 30 secondes de pause entre les écoutes. Puis vous aurez 30 secondes pour vérifier vos réponses.*
Lisez les phrases.

Vous entendez cette annonce dans un grand magasin. Ecrivez l'information demandée.

				points	tes points
				5	
1. Le magasin prépare une fête pour le ______ février.				1	
2. Les vêtements à 22 €, ce sont des ____________________.				2	
3. Les casquettes coûtent _____ €.				1	
4. Pour trouver l'autre magasin, on va au	☐ 24 rue de la Gare.	☐ 41 rue de la Gare.	☐ 80 rue de la Gare.	1	

points	tes points
6	
2	
2	
2	

Exercice 3 *Vous allez entendre deux fois un document. Il y aura 30 secondes de pause entre les écoutes. Puis vous aurez 30 secondes pour vérifier vos réponses. Lisez les phrases.*
Vous entendez cette publicité à la radio. Ecrivez l'information demandée.

1. Dans cette publicité, on parle aux ☐ parents. ☐ élèves. ☐ professeurs.

2. On cherche des personnes pour ______________________ .

3. On peut téléphoner au 01 24 86 _______ _______ .

10	

Exercice 4 *Vous allez entendre plusieurs petits dialogues correspondant à des situations différentes. Il y aura 15 secondes de pause après chaque dialogue. Puis vous allez entendre les dialogues une deuxième fois. Regardez d'abord les images.*
Ecrivez le numéro du dialogue sous la bonne image. Attention: il y a une image de trop (cinq dialogues, six situations). Il y a deux points par bonne réponse.

Situation A

Dialogue n° ______

Situation B

Dialogue n° ______

Situation C

Dialogue n° ______

Situation D

Dialogue n° ______

Situation E

Dialogue n° ______

Situation F

Dialogue n° ______

Teil 2	
points	tes points
25	
6	

2 Compréhension des écrits

Pour répondre aux questions, cochez la bonne réponse ou écrivez l'information demandée.

Exercice 1 *Le rédacteur en chef du journal de votre collège a mis cette annonce sur le site de votre collège:*

ACTUALITÉS:

Voilà le N° 19

La prochaine édition du «Forum du Collège» va arriver le jeudi 24 mars. Vous allez trouver une grande documentation sur l'écologie, une interview de nos nouveaux professeurs, le reportage de Florian «Le Tour d'Allemagne», nos pages «Livres et musique», «Mots croisés et Sudoku» et «Courrier du collège». *(Damien, Rédacteur en chef)*

Prix du journal: **0, 50 €**

+++ Les journalistes travaillent le mercredi de 15 h à 16 h au CDI.

	points	tes points
Ecrivez l'information demandée.		
1. Le nouveau «Forum du Collège», c'est le numéro _______ .	1	
2. Le prochain numéro du journal va arriver le __________________ .	1	
3. Dans le journal, il y a un article sur ☐ le football français. ☐ l'écologie. ☐ l'école en Allemagne.	2	
4. Pour écrire le journal, les journalistes vont au ________ .	2	
	6	

Exercice 2 *Vous recevez ce courriel:*

De: Laura

A: Léa

Objet: Invitation

Coucou!
Je suis bien rentrée de mes vacances en Allemagne. Ma famille était super. Et maintenant, je veux organiser une petite fête pour samedi et je t'invite. Sandrine, Laurent et Alice vont venir aussi.
Je vais préparer une recette allemande. Une surprise! Et on va regarder mes photos et des DVD de Laurent et Sandrine. Tu viens? Je vous attends à 19 h.

Bisous,
Laura

	points	tes points
Ecrivez l'information demandée.		
1. C'est une invitation pour ☐ un anniversaire. ☐ une fête. ☐ un jeu.	1	
2. Laura est allée en ____________________ .	1	
3. Qu'est-ce qu'elle propose de faire? *(Ecrivez deux activités.)* – ____________________ – ____________________	2	
4. Qui va apporter des films? – ____________________ – ____________________	2	
	6	

Exercice 3 *Ta sœur (16 ans) cherche un travail pour le week-end. Voici quatre annonces intéressantes:*

Annonce n° 1: Famille cherche baby-sitter pour le samedi après-midi et soir. 2 filles (4 et 6 ans), chats, lapins. Grande terrasse, pas de TV. 5 €/heure. Tél: 06 85 87 90 96

Annonce n° 3: Garçon (12 ans) qui a des problèmes en maths et en allemand cherche quelqu'un pour donner des cours à la maison. 2 x/semaine.
Tél: 06 85 21 50 39

Annonce n° 2: J'ai 83 ans et je cherche jeune fille/garçon pour faire mes courses 2 fois par semaine et qui m'aide un peu à la maison.
5 €/heure. Tél: 06 85 69 42 77

Annonce n° 4: Jeune famille cherche baby-sitter pour 3 enfants: garçon (7 ans), fille (4 ans), fille (1 an) pour le samedi soir de 19 à 23 heures. 6 €/heure. 2 dobermans dans notre villa.
Tél: 06 85 62 45 51

points	tes points

A quelles annonces est-ce que ta sœur va répondre?

1. Ta sœur est une bonne élève et aime aider les autres élèves. Annonce nº ______ 2
2. Ta sœur aime jouer avec les enfants, mais elle a peur des grands chiens. Annonce nº ______ 2
3. Ta sœur aime aider à la cuisine Annonce nº ______ 2

Exercice 4 *Vous êtes en France avec votre famille (tes parents, ton frère, 9 ans, et toi, 13 ans). Vous voyez l'affiche suivante:* 7

Ecrivez l'information demandée.

1. Qui organise la course? ________________________________ 1
2. La fête, c'est quel jour et à quelle date ________________________________ 1
3. La course commence à ______ heures. 1
4. Ta mère n'aime pas beaucoup le sport, mais elle veut faire la course avec vous.

   Combien de kilomètres est-ce qu'elle va faire, alors? ______ km 1
5. Combien est-ce que ta famille va payer pour la course? ______ € 2
6. Après la course, les organisateurs de la fête proposent 1

   ____

Teil 3	
points	tes points
25	
10	

3 Production écrite

Exercice 1 *Vous êtes à Belfort et vous voulez vous inscrire à un club de judo. (Il y a des cours de vacances pendant les deux premières semaines du mois de juillet.) Pour cela, vous remplissez ce formulaire d'inscription (avec votre adresse à Belfort).*

O soto gari – Club de judo – 11 quai Schwob – 90 000 Belfort

Nom: ______________________________

Prénom: ______________ **Date de naissance:** ______________ (2)

Adresse: ______________________________ (1)

E-mail: ______________________________ (1)

Numéro de portable: ______________________________ (1)

Inscription pour la période du ______________ **au** ______________ (2)

Taille: ______________ **Poids:** ______________ (2)

Date et signature: ______________________________ (1)

Exercice 2 *Ecrivez un courriel. Vous invitez votre ami français à passer une semaine chez vous. Vous parlez de votre ville, de votre collège, de vos copains et du jour de son arrivée. Vous proposez quelques activités:* (15)

De:

A:

Objet:

____

____

____

____

____

____

____

____

______________________________ Nombre de mots écrits ______

Der 4. Prüfungsteil besteht aus 3 Teilen; für Teil 2 und 3 hast du 10 Minuten Vorbereitungszeit. Im 1. Teil stellst du dich vor und der Prüfer stellt Fragen zu deiner Person. Im 2. Teil stellst du dem Prüfer anhand von Bildern / Wörtern Fragen. Im 3. Teil findet ein Rollenspiel mit dem Prüfer statt. Deine Partnerin / Dein Partner spielt den Prüfer und vergibt die Punkte. Die Beurteilungskriterien dafür findest du auf Seite 114.

Teil 4	
points	tes points
25	

4 Production orale

A *Entretien dirigé (une minute environ)*
Tu te présentes et tu réponds aux questions de l'examinateur.
Tu parles de toi, de ta famille, de tes activités, de ce que tu aimes / détestes, etc. Exemples:

points	tes points
8	

1. Tu t'appelles comment?
2. Tu as quel âge?
3. Tu habites où? Avec qui?
4. Qu'est-ce que tu aimes / détestes?
5. Qu'est-ce que tu fais le week-end?
6. Qu'est-ce que tu aimes au collège?

B *Echange d'informations (deux minutes environ)*
Tu poses des questions à l'examinateur à partir des quatre images suivantes:

points	tes points
8	

C *Dialogue simulé (ou jeu de rôles) (deux minutes environ)*
Tu es dans un magasin de sport et tu veux acheter deux articles. Tu regardes les quatre photos et tu en prends deux. Tu achètes ces deux articles. Tu paies avec des euros en papier. L'examinateur joue le rôle du vendeur.

points	tes points
9	

points	tes points
100	

Gesamtsumme

Auswertung:

1. Habe ich bei jedem der vier Aufgabenteile wenigstens 5 Punkte erreicht? ☐ Ja ☐ Nein
2. Habe ich insgesamt 50 oder mehr als 50 Punkte? ☐ Ja ☐ Nein

Zweimal „Ja"? Prima! Du hast bestanden.

Un peu d'entraînement

→ Die Lösungen findest du auf S. 115.

Ecouter et écrire

1 Ici Radio France: quel temps fait-il?

83

A *Ecoute le texte et tire des traits entre la ville et les bonnes cases. Puis cherche les villes sur la carte au début de ton livre. Dans quelles régions sont Cherbourg et Arcachon?*

Cherbourg | Marseille | Nice | Arcachon

B *Quel temps fait-il dans ces villes aujourd'hui?*

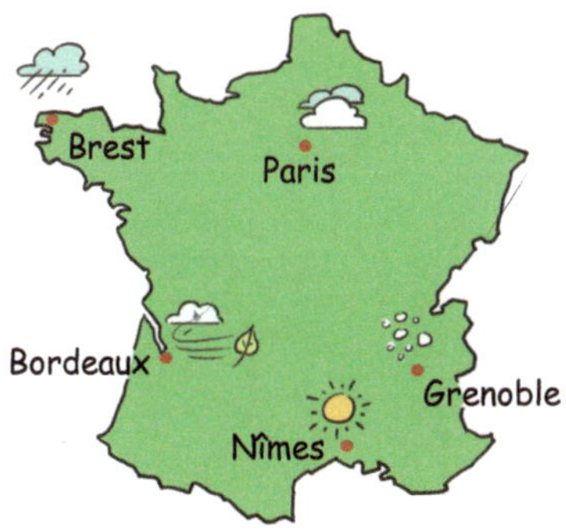

1. A Paris, le temps est ya nuges.
2. A Grenoble, le temps est neige.
3. A Nîmes, ~~du soleil~~. il ya du soleil
4. A Bordeaux, ~~le temps est~~ il ya du vent.
5. A Brest, ~~le temp~~ il ya du pluie

En forme

2 Activités

Regarde les dessins et forme des phrases.
Marque, dans ces phrases, l'objet direct en jaune et l'objet indirect en vert.

1. Julien – aider – sa mère
2. Sacha – écrire – lettre – sa grand-mère
3. Lilou – téléphoner – sa copine
4. Alex et Marie – regarder – télé
5. Carla – présenter – sa sœur – son copain

1. Julien aide sa mère.
2. Sacha Sacha écrit un lettre à sa grand-mère.
3. Lilou téléphone à sa copine
4. Alex et Marie regardent la télé
5. Carla présente sa sœur à son copain .

… prêts,

… partez!

Unité 5
Une semaine à Arcachon

Atelier A

En forme

1 Ça vous intéresse? (G 18) (nach SB S. 76, Nr. 2)

Complétez les phrases. Utilisez les pronoms objets.

Jeu de mots

2 A propos du texte (nach SB S. 77, Nr. 3)

Trouve les six mots du texte de ton livre p. 77 sur le thème de l'autoroute des vacances. Ecris ces mots avec l'article indéfini.

une auto route — un kilometre

une aire de repos — une voiture

un péage — un bouchon

1 **un lien** ein Link

En forme

3 Après l'arrivée au gîte (G 18) (nach SB S. 77, Nr. 3)

*Mets les pronoms **me, te, nous, vous** à la bonne place.*

uns	1. – Papa, tu viens? Maman ________ montre ________ le gîte.
mir	2. – Papa, Alex ne ________ veut ________ pas ________ laisser la grande chambre.
mich	3. – Maman, Jérôme ________ énerve ________ .
mir	Il ________ ne ________ écoute ________ pas.
dir	4. – Ecoute, Jérôme, je ________ vais ________ montrer ta chambre.
uns	5. – Papa, tu ________ invites ________ au restaurant ce soir?
euch	6. – Non, aujourd'hui, je ________ ne ________ invite ________ pas.
	Mais demain, peut-être.

Jeu de mots

4 Dans un gîte (nach SB S. 78, Nr. 6)

→ En plus S. 72, Nr. 1 △

Complète le plan de ce gîte avec les mots à droite.
*Mets **un**, **une** ou **les** devant les mots.*

lit – salon – entrée – escalier – fenêtre – chambre – toilettes – jardin – salle de bains – couloir – table – canapé

En forme

5 dire, dire et dire (G 19) (nach SB S. 78, Nr. 6)

*Trouve les formes du verbe **dire** et ajoute les pronoms **j', je, elle, nous, vous, ils**.*

tu	SID dis		ISTNED		ISD
	TDI		DETIS		SSNDOI
					IA TID

Ecrire

6 Alex et Marie (G 20) (nach SB S. 78, Nr. 6)

→ En plus S. 72, Nr. 2 △

A *Alex téléphone à Marie.*

1. Nous sommes bien arrivés.
2. Notre maison est jolie.
3. Il y a cinq pièces.
4. Jérôme est en colère.

Puis Marie raconte à sa mère:

Utilise trouver – expliquer – dire

1. « Alex dit qu'ils sont bien arrivés.
2. Elle trouve que leur maison est jolie.
3. Elle explique qu'il y a cinq pièce.
4. Elle dit que Jérôme est en colère. »

B *Marie pose des questions à Alex.*

1. La plage est loin?
2. Est-ce qu'il fait beau?
3. Quand est-ce que tu vas à la plage?
4. Pourquoi est-ce que Jérôme est en colère?

Puis Alex raconte à son père:

Utilise demander – vouloir savoir

1. « Marie demande si la plage est bin
2. Elle veut savoir est-ce qu'il fait beau
3. Elle demande quand je vais a la plage
4. Elle veut savoir pourquoi Jérôme est en colère. »

CHARADE

Mon premier sont les deux premières lettres de l'alphabet dans le désordre.
Mon deuxième est un demi-gâteau.
Avec **mon tout,** on peut faire un tour sur la mer.

Solution: c o m b a t

Atelier B

Lire et écrire

7 A propos du texte (nach SB S. 80, Nr. 1)

Lis encore une fois le texte à la page 80 de ton livre.

A *Qu'est-ce qu'Alex sait déjà sur Marc?*

Elle sait déjà

1. que / qu' il habite à Arcachon.
2. qu'il aime le skimboard.

B *Voilà des informations sur Marc. Imagine les questions d'Alex.*

Nom: Marc Deschamps
Age: 14 ans
Ville: Arcachon
1 frère (16 ans) et
1 sœur (10 ans)

1. __________
2. __________
3. __________

Imagine trois autres questions et les réponses. Ecris-les dans ton cahier.

C *Fais le portrait de Marc. Ecris un petit texte dans ton cahier (8 à 10 phrases).*

En forme

8 A la plage (G 21) (nach SB S. 81, Nr. 3)

déjà # ne pas encore

Marc pose des questions à Alex.
*Utilise **le, la, l', les** dans les réponses.*

1. – Tu connais déjà la région d'Arcachon?
   – Non, je ne la connais pas encore.
2. – Tu veux aussi visiter les autres villes de la région?
   – Non, je ne veut pas les visites
3. – Où est-ce que tu as acheté ton skimboard? – Je l'ai acheté à Paris.
4. – Tu connais déjà le Café de la Plage? – Non, je ne l' connais pas encore.
5. – Quoi? Tu n'as pas encore vu ce café? – Non, je ne l'ai pas ~~vu~~ ~~encore~~ encore vu.
6. – Tu as déjà rencontré mes copains? – Non, je ne les ai pas encore rencontrés.

– Alors, viens. Si tu veux, je t'invite à boire un coca avec mes copains.

En forme

9 [Je l'ai rencontrée sur la plage.] (G 21) (nach SB S. 80, Nr. 1)

→ En plus S. 73, Nr. 4 △

A la fin des vacances, Marc écrit une lettre à un copain.
Lies den Text, kreise die richtige Endung ein.
Schreibe dann die Wörter, die durch die Objektpronomen ersetzt werden, in die rechte Spalte.

Pendant les vacances, j'ai rencontré une fille sympa.

Je **l'**ai rencontr**?** sur la plage.	é	ée	és	ées	la fille
Je **l'**ai v**?** avec son skimboard.	u	ue	us	ues	fille ingsgeon
Tout à coup, il y a eu des grandes vagues.					
Elle **les** a regard**?**, puis elle a pris	é	ée	és	ées	les vagues
son skimboard: elle **l'**a lanc**?** dans l'eau,	é	ée	és	ées	le skimboard
mais les vagues **l'**ont emport**?**.	é	ée	és	ées	le skimboard
Je suis allé dans l'eau pour chercher son skimboard. Elle m'a dit:					
«Là, tu **m'**as vraiment aid**?**! Merci.»	é	ée	és	ées	la fille
Puis son frère Jérôme est arrivé.					
Je **les** ai encore souvent rencontr**?** sur la plage.	é	ée	és	ées	les ~~ballons~~ Max et Jérôme
On a souvent joué au ballon ensemble.					

Vis-à-vis

10 Les prochaines vacances, c'est quand? (nach SB S. 83, Nr. 5)

Voilà les vacances des élèves français à Arcachon:
(Es handelt sich um ein Beispieljahr.)

Septembre 2011

L	M	M	J	V	S	D
			1	**2**	**3**	**4**
5	**6**	**7**	8	9	10	11
12	13	14	15	16	17	18
19	20	21	22	23	24	25
26	27	28	29	30		

Octobre 2011

L	M	M	J	V	S	D
					1	2
3	4	5	6	7	8	9
10	11	12	13	14	15	16
17	18	19	20	21	22	23
24	**25**	**26**	**27**	**28**	**29**	**30**
31						

Novembre 2011

L	M	M	J	V	S	D
	1	2	3	4	5	6
7	8	9	10	11	12	13
14	15	16	17	18	19	20
21	22	23	24	25	26	27
28	29	30				

Décembre 2011

L	M	M	J	V	S	D
			1	2	3	4
5	6	7	8	9	10	11
12	13	14	15	16	17	18
19	**20**	**21**	**22**	**23**	**24**	**25**
26	**27**	**28**	**29**	**30**	**31**	

Janvier 2012

L	M	M	J	V	S	D
						1
2	3	4	5	6	7	8
9	10	11	12	13	14	15
16	17	18	19	20	21	22
23	24	25	26	27	28	29
30	31					

Février 2012

L	M	M	J	V	S	D
		1	2	3	4	5
6	7	8	9	10	11	12
13	14	15	16	17	18	19
20	**21**	**22**	**23**	**24**	**25**	**26**
27	**28**	**29**				

Mars 2012

L	M	M	J	V	S	D
			1	**2**	**3**	**4**
5	6	7	8	9	10	11
12	13	14	15	16	17	18
19	20	21	22	23	24	25
26	27	28	29	30	31	

Avril 2012

L	M	M	J	V	S	D
						1
2	3	4	5	6	7	8
9	10	11	12	13	14	15
16	17	18	19	20	21	22
23	**24**	**25**	**26**	**27**	**28**	**29**
30						

Mai 2012

L	M	M	J	V	S	D
	1	**2**	**3**	**4**	**5**	**6**
7	8	9	10	11	12	13
14	15	16	17	18	19	20
21	22	23	24	25	26	27
28	29	30				

Juin 2012

L	M	M	J	V	S	D
				1	2	3
4	5	6	7	8	9	10
11	12	13	14	15	16	17
18	19	20	21	22	23	24
25	26	27	28	29	30	

Juillet 2012

L	M	M	J	V	S	D
						1
2	3	4	5	6	7	8
9	**10**	**11**	**12**	**13**	**14**	**15**
16	**17**	**18**	**19**	**20**	**21**	**22**
23	**24**	**25**	**26**	**27**	**28**	**29**
30	**31**					

Août 2012

L	M	M	J	V	S	D
		1	**2**	**3**	**4**	**5**
6	**7**	**8**	**9**	**10**	**11**	**12**
13	**14**	**15**	**16**	**17**	**18**	**19**
20	**21**	**22**	**23**	**24**	**25**	**26**
27	**28**	**29**	**30**	**31**		

Vis-à-vis

In Frankreich werden die Ferienzeiten in drei Zonen (A, B und C) eingeteilt, die bestimmten Gebieten zugeordnet sind. Arcachon gehört zum Beispiel zur Zone C. Das ist aber nur für die „Vacances d'hiver" und die „Vacances de printemps" wichtig, denn sonst beginnen und enden die Ferien überall zur gleichen Zeit.

A *Marc habite à Arcachon. Quand est-ce qu'il a ses vacances d'hiver? Et pourquoi est-ce qu'il ne va pas à l'école le 1er novembre?*

Voilà quelques mots pour t'aider:

à Noël: an Weihnachten
à Pâques: an Ostern
à la Pentecôte: an Pfingsten
à la Toussaint: an Allerheiligen

△ **B** *Compare les vacances en France avec tes vacances.*

Vis-à-vis

Im Deutschen sagt man für „zwei Wochen" auch „14 Tage", im Französischen aber „15 jours".

Pratique: tâches

Médiation

11 Fais l'interprète. (nach SB S. 84, Aufgabe A)

Du besuchst mit deinen Eltern die Gegend um Leipzig. Ihr seid in der Touristeninformation. Dort will sich eine französische Familie nach den Erholungsmöglichkeiten erkundigen. Aber die Dame in der Touristeninfo kann kein Französisch und in der französischen Familie spricht niemand deutsch. Du bietest dich an zu dolmetschen.
Arbeitet zu dritt. Nur der Dolmetscher arbeitet ohne Heft. Tauscht nach einem Durchgang die Rollen.

Die Dame in der Touristeninfo
1. Was kann ich für Sie tun?
3. Natürlich. Dort kann man viele interessante Dinge machen.
5. Ja, natürlich! Es gibt einen großen Strand. Und man kann eine Bootstour mit der „MS Cospuden" machen.
7. Man kann am Ufer Fahrrad fahren. Das ist toll bei schönem Wetter!
9. Sie können surfen, segeln oder auch selbst Boot fahren. Außerdem gibt es am Hafen viele Restaurants und Bars.
11. Jede Stunde im Sommer. Abfahrt z. B. im Hafen um 13 Uhr.

STRATEGIE
Erinnere dich:
Beim Dolmetschen musst du nicht wörtlich übersetzen!

La mère de la famille française
2. Il y a un lac, ici: le «Cospudener See». C'est intéressant pour les enfants?
4. Est-ce qu'on peut nager?
6. Bonne idée. Mais nos enfants veulent faire du sport.
8. Oui, on va peut-être faire du vélo. On peut encore faire autre chose?
10. Ça, c'est bien. Encore une question. A quelle heure sont les départs des bateaux pour le tour?
12. Merci beaucoup, madame.

Ecouter

12 Défense d'entrer! (Zutritt verboten!) (nach SB S. 85)

A *Avant l'écoute:*
1. *Décris l'image (deux ou trois phrases). Ecris dans ton cahier.*
2. *Lis le titre: «Défense d'entrer!» Qu'est-ce qui va se passer? (Was wird geschehen?)*
   Ecris cinq phrases dans ton cahier.
3. *Voilà des informations sur l'histoire:*

Ce sont les vacances d'été. Emma va dans le Languedoc-Roussillon, à Nîmes, pour voir ses cousines Amélie, 13 ans et Linda, 7 ans. Elles ont un petit chien, Nouba. Emma est venue avec ses amis Malika, Thomas, Victor et Christian. Aujourd'hui, ils font un pique-nique à côté du Pont du Gard[1]. Nouba joue avec un ballon, et tout à coup …

84 *Maintenant, écoute le texte. Quelques mots pour t'aider:* **une propriété privée:** ein Privatgrundstück; **un droit:** ein Recht; **tous:** alle; **un trou:** ein Loch; **pleurer:** weinen

[1] **le Pont du Gard:** unter den Römern erbaute Brücke, diente als Wasserkanal (Foto S. 71)

B *Après l'écoute:*

1. *Quel est le problème des amis? Coche la bonne case.*

Ils ne savent pas ☐ qui habite dans la propriété privée. ☐ pourquoi Amélie pleure. ☐ où est Nouba.

2. Pourquoi est-ce que les amis font deux groupes? ____________________

Lire

13 Défense d'entrer! (Suite – Fortsetzung) *Lis la suite de l'histoire.*

Linda: Notre Nouba, il est où, maintenant? *Elle va regarder encore une fois dans le trou. Alors Thomas veut faire une blague: il veut faire peur à Linda. Il crie et pousse[1] Linda qui tombe dans le trou.*

Victor, très en colère: Thomas, tu es fou ou quoi?

Thomas est rouge comme une tomate. Il a honte[2].

Tous: Linda! Linda! Réponds! Où es-tu?

Pas de réponse. Une minute après (c'est long une minute quand on attend), ils entendent Linda.

Linda: Aïe, aïe, aïe, ma tête.

Amélie: Linda? Où es-tu? Ça va?

Linda: Je ne sais pas. C'est tout noir, ici. J'ai peur. *Elle crie.*

Christian: Qu'est-ce qu'il y a?

Malika: Pourquoi est-ce que tu cries? *Silence.*

Linda: Je … Je … Nouba … Nouba, il est là, devant moi.

Amélie: C'est vrai? Youpi, on sait où il est!

Linda: … mais il ne bouge[3] pas. *Elle pleure. Thomas dit quelque chose à Christian.*

Christian: Linda, Thomas demande si on va chercher un médecin[4].

Linda: Non, non, ça va. Mais dis à Thomas qu'il est vraiment fou.

Thomas a honte: Je sais. Pardon. Linda.

Linda: Euh … qu'est-ce que je fais maintenant?

Victor: Tu peux monter?

Linda: Non, je ne peux pas.

Victor: Je vais t'aider. Je fais une corde[5] avec nos serviettes[6] et après, je descends.

Emma: Attends, Maman met toujours une lampe de poche dans le sac. *Elle cherche.* Tiens!

Victor: Merci. *Il descend.* Ce n'est pas comme au gymnase, ici. Ça va Linda? *Il regarde à droite et à gauche avec la lampe.* Mais c'est vachement[7] grand ici! C'est une grotte! Reste là, Linda, je vais raconter ça aux autres.

(D'après: Marlène Thomas, Défense d'entrer; © Ernst Klett Verlag)

1 **pousser qn:** jdn. schubsen / stoßen; 2 **avoir honte:** sich schämen; 3 **bouger:** sich bewegen; 4 **un médecin:** ein Arzt; 5 **une corde:** ein Seil; 6 **une serviette:** *(ici)* ein Handtuch; 7 **vachement** *(fam.)*: très

Après la lecture:

1. *Voilà des phrases qui résument le texte. Mais il y a des fautes. Corrige les fautes.*

[cherchent] [________] [________]

Les amis trouvent Nouba. Thomas pousse Amélie, qui tombe dans un trou. Elle a mal à la jambe.

[________]

Dans le trou, il y a aussi Nouba. Nouba va bien. Victor fait une corde avec des serviettes.

[________] [________] [________]

Il prend aussi une bougie. Puis il monte dans le trou. Là, il fait la découverte d'un escalier.

2. *Imaginez la suite. Qu'est-ce qu'ils vont trouver? Discutez en groupe et prenez des notes. Après, écris la suite de l'histoire dans ton cahier (100–120 mots).*

3. *Jouez la scène du texte. Voici quelques informations pour vous aider.*

Combien d'acteurs?	sept + le chien Nouba. Distribuez les rôles.
Comment faire le trou?	tables / chaises / couvertures (Decken) …
Quels accessoires?	Dans la salle de classe: tables, chaises, …
	A la maison: ballon, sacs, serviettes, lampe de poche, …
Décor	Affiche avec dessin de la porte, du jardin, …

Die Lösungen findest du auf S. 115.

Bilan

1 Ecouter (nach SB S. 86, Nr. 1)

→ En plus S. 72, Nr. 1 △

Wenn ich im französischen Radio Informationen über Ferienmöglichkeiten in einer französischen Region und über das Wetter dort höre, kann ich diese verstehen und auf Deutsch wiedergeben.

85 **A** *Ecoute la radio et coche les bonnes cases.*

1. Le Languedoc-Roussillon est ☐ dans le nord ☐ dans le sud-ouest ☐ dans le sud de la France.

2. Est-ce qu'on parle du skimboard? ☐ oui ☐ non Et de l'athlétisme? ☐ oui ☐ non

3. De quels endroits est-ce qu'on parle?

☐ Pont du Gard

☐ Montpellier

☐ Marseille

☐ Carcassonne

4. Il y a une phrase sur le temps qu'il fait. Ecris cette phrase ici.

En été, ______________________________

B *Dein Freund hat erfahren, dass seine Eltern in den nächsten Ferien ins Languedoc-Roussillon fahren wollen. Du schreibst ihm auf Deutsch in einer E-Mail, was du über die Region weißt. Schreibe in dein Heft. Höre dir vorher die Radiowerbung noch einmal an.*

2 En forme (nach SB S. 87, Nr. 5)

→ En plus S. 72, Nr. 2 △

Ich kann Aussagen und Fragen „indirekt" wiedergeben.

Que disent les Guibert? Complète les phrases.

1. Il y a un bouchon au péage. → M. Guibert dit qu'il y a un bouchon au péage.
2. C'est normal. → Mme Guibert dit ______________________________ normal.
3. Il fait chaud. → Alex trouve ______________________________ chaud.
4. Il y a bientôt une aire de repos. → M. Guibert explique ______________________________ une aire de repos.
5. Les sandwichs sont bons, là-bas? → Jérôme demande ______________________________ bons, là-bas.
6. Où sont les boissons? → Alex veut savoir ______________________________ les boissons.

Die Lösungen findest du auf S. 115.

En plus: différenciation

En forme

1 A l'office de tourisme

Anna écrit à l'office de tourisme de Leucate-Plage.

Madame, Monsieur,

Mes parents et moi, nous avons envie de passer nos vacances dans le Languedoc-Roussillon au bord de la mer. Nous cherchons un hôtel ou un gîte. Est-ce que vous avez des adresses intéressantes? Et combien est-ce que ça coûte pour une semaine? J'ai 13 ans. Quelles activités est-ce que vous proposez? Merci pour votre réponse.
Anna

Quelqu'un qui travaille à l'office de tourisme raconte:
«Une fille allemande écrit que ses parents et elle ont …» Continue dans ton cahier.
Commence les phrases comme ça: ***Elle écrit / dit / raconte / explique / demande / veut savoir …***

Ecrire

2 Mes vacances d'été

Clara écrit à une copine française. Trouve les bons pronoms. Pense aussi à l'accord du participe passé.

Quelles vacances d'été! Mes parents et moi, nous ______ avons pass______ à Leucate-Plage, dans un gîte. Génial. Je suis all______ dans un club de plage où j'ai rencontr______ des filles et des garçons de mon âge. On a appri______ à faire du skimboard. Daniel, un prof de sport, ______ a montr______ comment il faut faire. Il a pris les boards, il ______ a lanc______, puis il ______ a aid______ à monter dessus. J'ai vite appri______. Je ne ______ ai pas encore envoy______ mes photos, mais je vais ______ faire. Ces photos, je ______ ai pri______ sur la plage. Tu vas voir. Leucate, c'est super! Et Daniel, il est super aussi! Bisou.
Clara

Médiation

3 Comment expliquer?

Ton corres français est chez toi. Vous êtes en voiture, avec ta mère.
Ton corres voit des panneaux de signalisation (Verkehrsschilder) qu'on ne trouve pas en France.

1

2

3

4

5

6

Médiation

4 Chanson: Collectif Métissé[1]

A *Avant l'écoute*

1. Prenez la carte au début de votre livre et cherchez la Guadeloupe, la Martinique, la Guyane, la Réunion et Mayotte.
2. Quel style de musique est-ce que vous attendez? Cochez.

☐ le rock ☐ le pop ☐ le reggae ☐ la musique classique ☐ le rap

86

B *Pendant l'écoute*

1. Ecoutez la chanson une première fois. Essayez de comprendre l'introduction (Einleitung). Qu'est-ce que signifie *Gwada* et *Madinina*?

C'est le Collectif Métissé dans la place
D'accord, d'accord
Dédicace à tous la Gwada, Madinina,
La Guyane, la Réunion, Mayotte!
Ça envoie! Qui est là, get down (2x)
Oh, c'est le Collectif Métissé, on est dans la place
Qu'est-ce que tu penses de ça?

Vis-à-vis

Collectif Métissé

Collectif Métissé ist eine Gruppe aus Bordeaux, die aus sieben Personen verschiedener Nationalitäten besteht. Sie sind sehr bekannt und haben bereits mehrere Nr. 1-Hits in Frankreich gehabt.

2. Ecoutez maintenant la chanson une deuxième fois. Lisez le texte dans votre livre page 230. Trouvez les mots qui manquent dans le texte.

Vas-y DJ joue-moi ce que j'ai envie
On est là pour danser, on n'est pas ________
Collectif te fait danser toute la ________
On est là, pour toi …
C'est pour ça, … (3x)

[Refrain]

Ça c'est la nouvelle ________
Allez, marque le pas, un, deux, attrape tes ________
et bouge la ________ (2x)
Faut secouer, secouer, …
Il fait ________
Collectif, la vie, si tu me suis
Sans limite toute l'année, on va bien profiter
Aime le collectif, bouge ton body

© Edition FCMV Universal Music Publ. GmbH, Berlin

C *Après l'écoute*

1. Dites pourquoi vous aimez / vous n'aimez pas la chanson.
2. Regardez le clip sur Internet. Décrivez l'ambiance et les endroits en six phrases.
3. Cherchez des informations sur le groupe sur Internet et présentez-les en classe.

1 Das Lied "Collectif Métisse" befindet sich aus lizenzrechtlichen Gründen auf der Audio-CD Nr. 622122.

A vos marques, …

Un peu d'entraînement

→ Die Lösungen findest du auf S. 116.

Jeu de mots

1 Au CDI

Julien écrit à un copain allemand. Il parle du CDI de son collège. Complète le texte.

Dans notre CDI, il y a des  ____________________. Nous pouvons travailler avec nos  ____________________. Nous surfons sur 

____________________, nous  ____________________, écrivons des  ____________________ ou  ____________________ de la  ____________________.

Au CDI, nous  ____________________ aussi des 

____________________, des 

____________________ et des 

____________________.

Tu sais que moi, j'adore les  ____________________ des  ____________________. Pour moi, ce sont des vraies  ____________________.

Au CDI, on peut aussi regarder des 

____________________, bien sûr. Mais je préfère aller au 

____________________. Vous avez aussi une salle comme le CDI dans votre collège?

En forme

2 Allô, maman?

Complète le texte avec des verbes en ***-dre****. (Il y a deux verbes au passé composé.)*

attendre (3x)
descendre (1x)
entendre (2x) perdre (2x)
répondre (2x)

1. Léa et Julien ____________________ le bus qui n'arrive pas. Léa téléphone à sa mère.
2. *Léa:* Allô, maman? Julien et moi, nous ____________________ le bus depuis 20 minutes. J'ai téléphoné à papa, mais il ne ____________________ pas.
3. *La mère de Léa:* Papa ne peut pas te ____________________. Hier, quand il ____________________ du métro, il ____________________ son portable. Ecoute, je viens vous chercher en voiture. Comme ça, vous ne ____________________ pas beaucoup de temps. Allô, allô, tu m' ____________________?
4. *Léa:* Oui, oui, je t' ____________________ bien. Merci beaucoup, maman. On t' ____________________.

… prêts,

… partez!

Unité 6

Notre Journal

1 Laufzettel (nach SB S. 89, Nr. 2)

Beachtet:
*In dieser Unité ist es wichtig, auch Aufgaben im **En plus-Teil** eures Buches und im **Cahier d'activités** durchzunehmen. Diese Aufgaben sind in der folgenden Liste aufgeführt. Sie sollten von jedem von euch bearbeitet werden. Die nicht erwähnten Übungen oder Übungsteile sind freiwillig.*
Freiwillig ist auch die gesamte Station 4.
*Damit ihr die **Übersicht** behaltet, könnt ihr hier **„abhaken"**, welche Aufgaben ihr erledigt habt.*
*Fandet ihr die gesamte Station schwer, normal oder leicht? Kreuzt die **Ampelfarbe** an. In der rechten Spalte könnt ihr in einigen Stichworten beschreiben, was euch schwer oder leicht fiel.*

STATION	AUFGABEN	MATERIALIEN	✓	MEINE BEMERKUNGEN
1: Le coin internet				
	Text verstehen und Wortschatz erschließen	Buch S. 138, Nr. 1A	☐	
		Cahier S. 76, Nr. 1	☐	
	dormir, partir, sortir	Buch S. 138, Nr. 2	☐	
		Cahier S. 77, Nr. 3	☐	
2: Le coin musique				
	Text verstehen und Wortschatz erschließen	Buch S. 139, Nr. 1	☐	
		Cahier S. 78, Nr. 1	☐	
	Jahreszahlen verstehen	Buch S. 139, Nr. 2	☐	
	beau, nouveau, vieux	Buch S. 139, Nr. 3	☐	
		Cahier S. 79, Nr. 3	☐	
	jouer à, jouer de	**Buch S. 129, Nr. 4**	☐	
		Cahier S. 78, Nr. 2	☐	
3: Le coin BD				
	Text verstehen und Wortschatz erschließen	Buch S. 140, Nr. 1	☐	
	recevoir, devoir	**Buch S. 140, Nr. 2**	☐	
		Cahier S. 80, Nr. 1	☐	
	Zu einer Bildgeschichte passende Sprechblasen erfinden	Cahier S. 81, Nr. 3 **oder** Cahier S. 82, Nr. 4	☐	
4: Le coin cinéma				
	Text verstehen und Wortschatz erschließen	Buch S. 141, Nr. 1	☐	
	Einen Film verstehen	Buch S. 142, Nr. 2A	☐	
		Cahier S. 83, Nr. 1	☐	
	Seine Meinung zu einem Film oder einer Fernsehsendung äußern	Buch S. 142, Nr. 2B	☐	
		Cahier S. 83, Nr. 2	☐	

Station 1

Ecrire

1 Zoé écrit à OKAPI[1]. (zu SB S. 90, Nr. 1)

Zoé écrit à OKAPI pour donner son avis sur Internet.

A *Trouve les mots pour compléter le texte de Zoé.*

		1	C	_	_	_	_	_	
				2	_	_	T		
			3	A	_	_	_		
		4	_	_	_	_	_	_	E
		5	S	_	_	_			
6	_	_	_	_	_	_	T		
	7	_	H	_	_	_	_	_	
	8	_	_	_	_	_	_	_	S
		9	B	_	_	_			
	10	_	_	_	_	_	S		

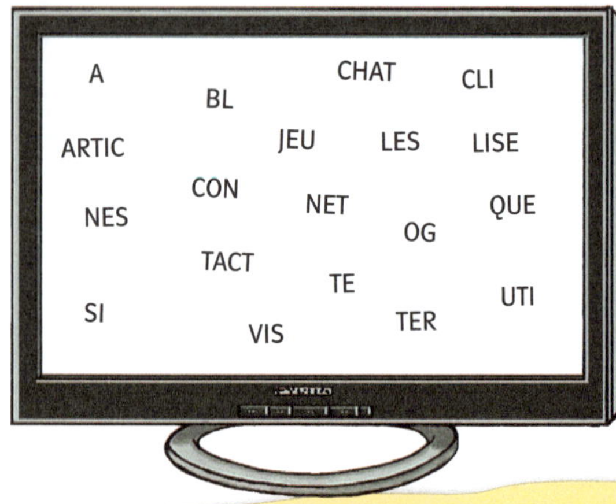

J'écris à OKAPI OKAPI 100% ADO

Cher OKAPI,
Comme beaucoup de **((10))***, j'adore surfer et* **((7))** *pour rester en* **((6))** *avec mes copains. Mais j'***((4))** *aussi le* **((2))** *pour travailler. Pour faire mes exposés, je* **((1))** *sur un* **((5))** *où je trouve des* **((8))***, par exemple. Et puis, j'ai mon* **((9))** *où je raconte ma vie et donne mon* **((3))***. C'est cool. Ah, j'arrête, j'ai une* **((mot des cases jaunes))** *à un chat.*

Zoé, 13 ans

B *Ecris le texte de Zoé dans ton cahier.*

Ecouter

2 Marion et Damien parlent sur Radio Junior[2]. (zu SB S. 90, Nr. 2)

95

Marion et Damien téléphonent à Radio Junior pour raconter comment ils utilisent Internet.
Ecoute les deux documents. Puis complète le texte ou coche la bonne réponse.

Document 1:

1. Marion a ______ ans.
2. Son ordinateur est dans ______________________
3. Marion joue de ______________________
4. Elle aime passer l'après-midi devant l'ordinateur. Vrai ☐ Faux ☐

Document 2:

1. Que fait Damien après l'école? (3 activités)

____

2. Damien passe la nuit devant l'ordinateur. Vrai ☐ Faux ☐
3. Le samedi, Damien joue ______________________ avec ses copains.

1 bekannte frz. Jugendzeitschrift; 2 bekanntes frz. Jugendradio

En forme

3 Un samedi sans ordinateur (G 22) (zu SB S. 91)

dormir, partir, sortir

A *Complète les bulles. (Ergänze die Sprechblasen.)*
Utilise les verbes en ***-ir*** *au présent.*

B *Utilise les verbes en* ***-ir*** *au passé composé.*
Fais attention à l'accord du participe passé.

A toi!
Cherche sur Internet.
A quelle heure ouvre le parc Astérix samedi prochain?

1. Samedi matin, Alex ______________________ de son lit à 8 heures.

2. Pour aller au parc Astérix, elle et ses copains ______________________ du Louvre dans un bus spécial. **3.** A l'arrivée au parc, le soleil ______________________ et il a fait un temps super. Quelle journée fantastique, sans ordinateur! **4.** Cette nuit, Alex _____ bien ____________

En forme

4 Un samedi devant l'ordinateur (G 22) (zu SB S. 91)

△ *Complète le texte avec les verbes au passé composé.*

Voici les infinitifs sans voyelles:

vnr, prdr, srtr, llr, prtr, prndr, fr

Les copains s__________v______________ chez Jérôme à 10 heures.

Ils n'__________ pas __________ une seule minute. «Super! Nous sommes seuls pour la journée! Maman ______________________ avec une amie: elles ______________________ au Louvre. Et papa ______________________ avec ses amis. On joue?» Les garçons ______________________ leurs ordinateurs et de 10 heures à 17 heures, ils ______________________ des jeux sur Internet.

RÉBUS

Pourquoi est-ce que le chat aime l'ordinateur? Le chat ♥ ~~Paris~~ la

Tu trouves la solution? Le chat ______________________________

Station 2

Stratégie

1 Comment expliquer des mots? (zu SB S. 92, Nr. 1)

A *Voilà comment on peut expliquer quelques mots qui sont dans ton livre pages 92 et 93. Retrouve ces mots.*

Pense au mot anglais «different».	C'est avant le nom.	Je suis né(e) à cette date. C'est ma date de	C'est comme «Rhythmus» en allemand. Mais sans le premier «h».	C'est comme le mot anglais «important».	Dans ce nom, on retrouve le verbe «aimer».
différent,e	le ______	______	le ______	______e	l'______

Pense au verbe anglais «to imagine».	Il en faut pour payer.	Quand on a appris qc, on fait ça pour gagner sa vie, p. ex. «professeur».	Quand on rigole beaucoup, il y a	Cette chanteuse chante très bien. Elle a une très jolie	C'est le contraire de «jeune».
______	de l' ______	un ______	de la ______	______	______ vieille

B *A toi. Cherche d'autres mots nouveaux dans la leçon. Trouve une explication et écris-la sur une carte. Demande à ton professeur de corriger tes cartes. Puis, demande à ton voisin / ta voisine de trouver les mots.*

Jeu de mots

2 Tout le monde aime jouer. (zu SB S. 92, Nr. 1)

A *«De quoi» et «à quoi» est-ce qu'ils jouent? Mets la préposition **à** ou **de** après le verbe **jouer**.*

1. Il joue au foot.

2. Elle joue ______

3. Il joue ______

4. Il joue ______

5. Elle joue ______

6. Il joue ______

7. Elle joue ______

8. Il joue ______

B *Maintenant à toi!*

(de) Et moi, je joue / j'aimerais jouer ______

(à) Mes copains et moi, nous aimons jouer ______

En forme

3 beau, nouveau, vieux (G 23) (zu SB S. 93)

*Complète avec **un / une / des** et la bonne forme de l'adjectif.*
Puis fais une flèche entre chaque verbe et l'expression qui va avec (comme dans le modèle).

	1. vieux:		**2. beau:**
jouer sur	______ chansons	habiter dans	______ voix
lire	______ harmonica	chanter avec	______ histoires
visiter	des vieux copains	porter	______ pantalon
chanter	______ livre	faire	______ hôtel
rencontrer → (des vieux copains)	______ ville	raconter	______ dessins

3. nouveau: *Complète et trouve toi-même des verbes. (… finde selbst Verben.)*

______	______ films
______	______ vélo
______	______ routes
______	______ album
______	______ mélodie

En forme

4 Petits dialogues dans le métro (G 23) (zu SB S. 93)

A *Complète les dialogues. Mets les adjectifs à la bonne forme et à la bonne place.*

1. *Léa:* Tu as déjà le nouvel album ______ de Zaz? — nouveau
   Julien: Oui, il y a ma ______ chanson ______ dessus. — préféré
2. *Mme Azemour:* Regarde cette ______ robe ______ sur cette — joli, gris
   affiche. Tu la ______ trouves ______? — beau
   Karima: Non, j'aime mieux ma ______ jupe ______. — vieux, blanc
3. *M. Racine:* Regarde cette fille aux ______ cheveux ______. — bleu
   Tu ne penses pas qu'elle est ______? — fou
   Zoé: Mais tu ne la connais pas, papa. C'est la ______ élève — nouveau
   ______ de ma classe. Elle a des ______ idées ______ et — bon
   elle est très ______. — courageux

B *Imagine un dialogue dans le métro. Utilise des adjectifs. Présente le dialogue avec un partenaire.*

Station 3

En forme

1 «devoir» et «recevoir» (G 24, 25) (zu SB S. 94, Nr. 1)

A *Trouve les pronoms personnels et les bonnes formes de* ***devoir*** *et* ***recevoir****.*

J	E		D	_	_	S		V	_	_	_	_	R	_	_	_	_	_	_			
_	_	S		_	_	Ç	_	_	_	_	_	_		_	_	_	_		_	_	_	T
N	_	_	_		_	_	_	_	_	S		_	U		_	E	_	_	_	_		

B *Lis et complète la lettre de Vincent, le facteur (Briefträger). Il a écrit à la fille qu'il aime.*

Chère Julie,

Hier, j'ai ____________ votre lettre. Merci. Malheureusement, je n'en _______________ pas souvent. Je sais que vous en ________________ beaucoup parce que je les apporte. C'est normal. Les filles intéressantes comme vous en _________________ mille par jour. J'aime bien mon métier mais ce n'est pas toujours facile. Je vais vous raconter ce que j'ai vécu hier: vous savez qu'un facteur ____________ apporter des lettres et que les facteurs ________________ être courageux. Nous ________________ même entrer dans des cours où il y a des chiens. Hier, dans une cour, j'ai vu un petit chien mignon. Mais, tout à coup, son grand frère m'a vu et j'ai ______ vite quitter la cour. Il n'aime pas ________________ des visites.

Julie, je ne veux plus être facteur! Je voudrais être avec vous! *Vincent*

Comment prononcer le «c»? (zu SB S. 94, Nr. 1)

96 **A** *Ecoute la phrase. Quand est-ce que tu entends un* [s] *ou un* [k]*? Souligne les* [s] *et entoure les* [k].

Voici un garçon français qui a reçu un cadeau curieux à Cologne pendant ses vacances: la cathédrale en chocolat.

[s] *ou* [k]*? Trouve la règle:*

Devant «e» et «i», on prononce le «c» comme ____.

Devant «a», «o» et «u», on prononce le «c» comme ____.

Devant «a», «o» et «u», on prononce le «ç» (c cédille) comme ____.

97 **B** *Ecoute et répète le virelangue.*

Si six scies scient six cigares, six-cent-six scies scient six-cent-six cigares.

(Explication: si = wenn; une scie = eine Säge; scier = sägen; un cigare = eine Zigarre)

Ecrire **3** (zu SB S. 94, Nr. 2) ______________________________ (← Ecris ici le titre de la BD.)

Regarde les images, puis remplis les bulles. Ensuite, trouve un titre pour ta BD.

Ecrire **4** (zu SB S. 94, Nr. 2) ______________________ (← Ecris ici le titre de la BD.)

Regarde les images, puis remplis les bulles. Ensuite, trouve un titre pour ta BD.

Station 4

Médiation

1 Le film policier du dimanche soir (zu SB S. 96)

Dimanche soir. Après un week-end sportif avec ta corres française, vous regardez le programme de la télé. Ta corres te demande: «Tatort, qu'est-ce que c'est?» Explique la série et l'épisode[1] de ce soir. Raconte aussi qui dans ta famille aime la série et qui ne l'aime pas. Dis pourquoi. Ecris 7 à 8 phrases.

18 bis 22 Uhr	
18:00	Sportschau
18:30	Bericht aus Berlin
18:49	Ein Platz an der Sonne
18:50	Lindenstraße
19:20	Weltspiegel
20:00	Tagesschau
20:15	Tatort: Die Frau im Zug

Die Kommissare ermitteln im Milieu der Mafia[2].

21:45	Günter Jauch

Parler et écrire

2 J'aime … / Je déteste … (zu SB S. 96)

A *Cherche l'intrus et barre ce mot.*

- J'aime …
- J'ai envie …
- Ça m'énerve!
- Ça me plaît.
- J'adore …
- Je trouve ça fantastique.
- C'est drôle!
- J'ai peur.
- Bof!
- C'est dangereux!
- Je déteste …
- Ce n'est pas mon truc!
- C'est génial!
- C'est trop nul!

B *Et toi? Quelle émission[3] de télé est-ce que tu aimes? Dis pourquoi. Et quelle émission est-ce que tu détestes? Dis pourquoi. Ecris quatre phrases dans ton cahier.*

1 un épisode: eine Episode; **2 la mafia:** die Mafia; **3 une émission:** eine Sendung

Die Lösungen findest du auf S. 116.

Bilan

1 En forme (nach SB S. 98)

A Ich kann die **Verben auf *-ir (dormir, partir, sortir)*** verwenden.

Samedi matin, Camille discute avec Florian, son corres allemand, au téléphone:

1. *Florian:* Tu s__________ ce soir?
2. *Camille:* Non, en France, les enfants de 13 ans ne s______________ pas seuls le samedi soir. Mais souvent une copine d__________ chez moi. Alors là, le dimanche matin, nous ne s______________ pas du lit avant 10 heures.
3. *Florian:* Et après, vous p______________ faire un tour dans le quartier?
4. *Camille:* Non, souvent, je reste avec mes parents. Dimanche dernier, je n'_____ pas d____________ longtemps. Mes parents et moi, nous ____________ p____________ au marché aux puces, à Paris.

B Ich kann die **Adjektive *beau, nouveau, vieux*** verwenden.

1. *Camille:* Et là, j'ai trouvé une n______________ robe pour moi, elle est v______________ bien sûr, mais très b____________. J'aime les v____________ vêtements au marché aux puces.
2. Après, nous sommes allés chez des amis de mes parents. Ils ont quitté leur v__________ appartement et ils ont trouvé un b__________ appartement pas loin de la tour Eiffel. Leur n____________ appartement est vraiment très b__________. J'ai pris une photo avec mon n______________ portable. Je t'envoie la photo par MMS.

C Ich kann die **Verben *devoir*** und ***recevoir*** verwenden.

1. *Camille:* A propos, tu as r__________ mon dernier courriel?
2. *Florian:* Non, j'ai un problème avec mon ordinateur. J'ai d__________ demander à mon frère de m'aider, mais il n'a pas pu. Qu'est-ce que tu as écrit?
3. *Camille:* Ecoute, une copine et moi, nous d______________ faire un exposé sur l'Allemagne. Nous r______________ des informations de notre prof, bien sûr. Mais tu peux peut-être nous aider.
4. *Florian:* Ecoute, mon père d__________ aller à Hambourg demain. Je vais utiliser son ordinateur. Tu vas r______________ une réponse à tes questions demain.

Camille: A demain alors. Et merci!

A vos marques, …

Un peu d'entraînement

→ Die Lösungen findet du auf S. 116.

Lire et écrire

1 Qu'est-ce qu'on fait?

Lis les expressions. Quelle expression française va avec quelle expression allemande?
Ecris l'expression à la bonne place et complète-la (… vervollständige sie). Ecris un petit dialogue.

Non, j'aimerais mieux … | D'accord pour … | Et après, on va … | Je veux bien. | Tu as envie de …? | Bof! Alors, je te propose de …

Hast du Lust …? – Tu as envie de ______________________________

Nein, ich würde lieber … – ______________________________

Na ja! Dann schlage ich dir vor … – ______________________________

Ich bin einverstanden … – ______________________________

Und danach gehen wir … – ______________________________

Gern! – ______________________________

En forme

2 A l'atelier de théâtre

Regarde les dessins. Mets ***me, te, nous, vous, le, la, les*** *à la bonne place.*

1.

2.

3.

1. – Oh, mon texte, je ne ______ sais ______ plus. Mme Arnaud, vous ________ donnez ________ le livre?

– Oh, toi et tes textes! Tu ________ as ________ appris ou pas?

2. – Oui, oui … Ah, je sais: «Ma chérie, je ______ aime ______ et je vais ______ toujours ______ aimer!»

– Mais quand tu dis ça à Joséphine, tu ______ dois ______ regarder!!!

3. – Je sais, Mme Arnaud et Joséphine, je ________ énerve ______. Je suis un mauvais acteur.

– Mais non, tu ________ ne ________ énerves pas. Allez, encore une fois …

… prêts,

… partez!

Unité 7
On peut toujours rêver!

Atelier A

En forme **1** **Tu connais ces verbes?** (G 26) (nach SB S.100, Abschnitt 1)

Complète le tableau.

choisir	finir	
je	je	je réussis
tu choisis	tu	tu
il	on finit	elle
nous	nous	nous
vous choisissez	vous	vous
ils	elles	ils réussissent

Ecrire **2** **J'ai encore été génial!** (nach SB S.101, Nr. 2)

Aujourd'hui, Mehdi raconte dans son blog comment il a aidé Sacha à la Fête du sport. Qu'est-ce qu'il va écrire?

A *Travaillez à deux. Voici encore une fois le texte de votre livre. Relisez ce texte. Soulignez les mots-clés que Mehdi va utiliser dans son blog.*

Pour Sacha, c'est la catastrophe: son atelier va tomber à l'eau. Ses amis réfléchissent. Mais Mehdi a une idée!

Mehdi: Tu as des balles?
Sacha: Oui, j'en ai trois, mais pour quoi faire?

Sans répondre, Mehdi lance 3, puis 5 balles en l'air … et commence à jongler.

Alex: Ouaouh! Tu sais jongler! Tu es aussi fort que moi! Où est-ce que tu as appris ça?
Mehdi: Deux minutes, voilà, j'ai fini! Ben, j'ai appris tout seul. Si tu veux, les enfants peuvent apprendre avec moi. C'est moins difficile que la corde.
Sacha: Merci, Mehdi, c'est fantastique!
Mehdi: De rien. Tu vois, c'est simple comme bonjour!

B *Maintenant, écris le blog de Mehdi dans ton cahier. Tu peux commencer comme ça:*

Blog de Mehdi

Fête du sport à Vincennes.
J'ai encore été génial!
Je vous raconte pourquoi: Sacha et Léo ont voulu proposer un atelier de corde molle.
Mais Léo n'est pas venu. Pas de Léo, pas de corde! Quelle cata … *Continue dans ton cahier.*

En forme

3 Ma Citroën est plus cool! (G 27) (nach SB S. 101, Nr. 5)

Comparez les choses.

1. Ma Peugeot est ______________________ ta Ferrari. *(teuer)*
2. Oui, mais ma Citroën est ______________________ ta Mercedes. *(cool)*
3. En été l'eau est ______________________ en hiver. *(kalt)*
4. Je trouve que le français est ______________________ l'anglais. *(interessant)*
5. La grammaire française est ______________________ la grammaire allemande. *(leicht)*
6. Les mathématiques sont ______________________ la physique ou la chimie. *(schwierig)*
7. Le château de Schönbrunn est ______________________ le château de Versailles. *(schön)*

Lire

4 Apprendre à jongler avec trois balles (nach SB S. 100, Nr. 4)

A *Regarde les images, puis lis les textes.*
B *Dans les textes, il y a des mots que tu ne connais pas encore. Ce n'est pas grave.*
Pour montrer que tu as compris les textes, écris la lettre du bon texte à côté du numéro de l'image.

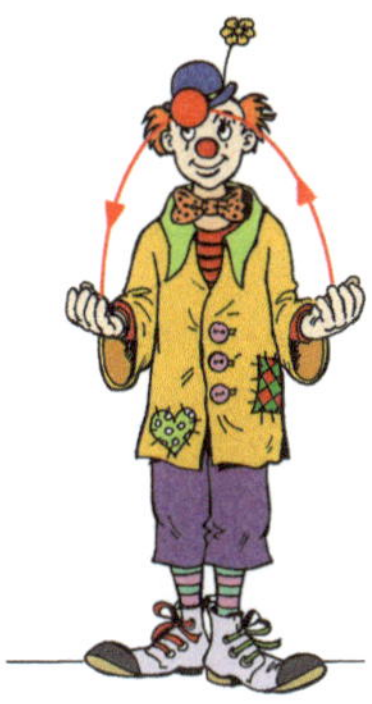
1. = C

2. = ___

3. = ___

4. = ___

5. = ___

6. = ___

A: Prends deux balles, une dans chaque main. Lance la première balle. Quand elle est devant l'œil, tu lances la deuxième balle pour libérer la main.

D: Prends trois balles, deux dans une main, une dans l'autre.

E: Tu finis par attraper les trois balles. Maintenant les balles ont changé de place. Bravo!!!

C: Prends une seule balle dans la main. En posant les bras serrés sur le ventre à hauteur de la taille, lance la balle d'une main à l'autre.

B: La main qui tient les deux balles commence. Lance la 1ère balle à la hauteur de l'œil. Ensuite, tu lances la balle de l'autre main à la hauteur de l'œil, puis la 3ème.

F: Attention! Ne triche pas.

Ecouter et regarder

5 Taïg Khris: l'as du roller (nach SB S. 102, Nr. 6)

Relis la stratégie à la page 102 de ton livre. Puis fais l'exercice suivant.

A ***Avant l'écoute:*** *lis le titre et regarde la photo. Qu'est-ce qui se passe? Ecris une phrase en allemand.*

____

108 **B** ***Pendant l'écoute:*** *Coche les bonnes réponses.*

1. Les gens qu'on entend sont ☐ malheureux? ☐ contents? ☐ en colère?
2. Quand Taïg Khris parle, il est ☐ triste? ☐ mystérieux? ☐ heureux?
3. Quand Taïg Khris parle, quels sont les mots-clés que tu entends?

☒ sensation[1] ☐ courage ☐ facile ☐ inimaginable[2] ☐ peur ☐ amour
☐ adrénaline ☐ bonheur[3] ☐ rêve ☐ joie ☐ vitesse ☐ équilibre

C ***Après l'écoute:*** *Taïg Khris dit qu'il a enfin réalisé son rêve. Quel a était ce rêve?*

Son rêve a était de ____

____

Tu peux aussi regarder la vidéo.

En forme

6 C'est la Fête du sport. (G 26) (nach SB S. 101, Nr. 3)

Complète les dialogues. Mets les verbes à la bonne forme (présent ou passé composé).

1. **Chez Alex et Jérôme:** *Jérôme:* Alex, tu ________ encore? Aujourd'hui, c'est la Fête du sport. Vite … il est 9 heures! Nous ______________ dans vingt minutes. Papa ________ déjà ________ pour aller chercher la voiture. — dormir, partir, sortir
2. **A la Fête du sport:** *Marie:* Regarde, Alex, les enfants ______________ leur atelier de saut à l'élastique en ce moment. C'est dangereux, je trouve! Qu'est-ce que tu ____________ comme atelier maintenant? Clara et moi, nous ________________ encore. — finir, choisir, réfléchir
3. **Après la fête:** *Alex:* Ah, salut, Sacha! Tu ____________ ton activité depuis longtemps? *Sacha:* Depuis un quart d'heure. Ouf! Nous ________________ à faire notre atelier! Et beaucoup d'enfants ________________ la corde molle! — finir, réussir, choisir

1 **une sensation:** ein Gefühl; 2 **inimaginable:** unvorstellbar; 3 **le bonheur:** das Glück

Atelier B

En forme **7** **Quand j'habitais à La Chanalle** (G 30) (nach SB S. 103, Nr. 2)

Tristan raconte: «J'habite à La Chanalle, un petit village à côté de Cluny, avec mes parents et ma sœur. Tous les jours, mon père quitte très tôt la maison, il travaille en ville. Ma mère prépare notre petit-déjeuner, puis elle passe des heures sur l'ordinateur. Elle travaille pour France Télécom. Ma sœur et moi, nous allons à l'école à vélo. Nous rencontrons des camarades de classe et nous arrivons presque toujours en retard car nous discutons beaucoup. Je déteste les cours mais j'adore le club de théâtre et je joue déjà dans plusieurs pièces. Le week-end, on sort quelquefois avec des amis.»

Aujourd'hui, Tristan est un grand acteur. Dans une interview, il parle de sa jeunesse[1]: Continuez.

J'habitais à La Chanalle, un petit village ____________

____

____

____

En forme **8** **Après la Fête du sport** (G 28) (nach SB S. 105, Nr. 5)

→ En plus S. 94, Nr. 1 △

A *Des questions après la Fête du sport: utilise **lui** ou **leur** dans les réponses.*

1. – Sacha, tu donnes la corde molle à Léo? – Oui, je lui donne la corde molle.
2. – Mehdi, qu'est-ce que tu as montré aux enfants? – Je ________ ai montré comment on jongle.
3. – Jérôme, qu'est-ce que tu as demandé à Alex? – Je ________ ai demandé la clé pour rentrer.
4. – Pourquoi est-ce que Jérôme parle à Alex? – Il ________ dit qu'il veut rentrer à la maison.
5. – Alex, tu écris un SMS à papa et maman? – Non, je ne ________ écris pas de SMS. Ils vont arriver.

B *D'autres questions: complète les réponses et utilise **le, la, les, lui, leur**.*

1. – Vous n'avez pas oublié le tirage au sort? – Non, nous ne ____________ oublié.
2. – Un tour dans une voiture de sport, ça va plaire à Alex, non? – Oui, ça va ____________
3. – Léo, tu as dit merci à Mehdi? – Bien sûr, je ____________ merci.
4. – Jérôme, tu vas aider Léo et Sacha à ranger leurs affaires? – Oui, je ____________ aider.
5. – Alex, tu cherches Marie? – Oui, je ____________ depuis un quart d'heure.
6. – Sacha, tu as téléphoné à tes parents? – Non, je ____________ pas téléphoné.
7. – Sacha, tu paies une glace à tes copines? – Bien sûr, je ____________ une glace.

1 **la jeunesse:** die Jugend

En forme

9 Le cirque est arrivé dans votre ville. (G 29) (nach SB S. 105, Nr. 6)

Regarde le dessin. Complète les phrases.
*Utilise **tout / tous / toute / toutes** avec les mots à droite.*

le | les (3x) | le | nos | la (2x)

1. «Zambetti» est arrivé dans votre ville. Tout le monde est bienvenu!
2. Venez nous voir ______ après-midis à 15 heures et ______ soirs à 20 heures.
3. «Zambetti» vous propose des attractions fantastiques pendant ______ semaine.
4. Vous n'allez jamais oublier ______ surprises que «Zambetti» va vous faire!
5. Vous pouvez visiter ______ cirque. Venez voir ______ animaux dans notre mini-zoo.
6. «Zambetti», un grand spectacle pour ______ famille!

Parler

10 L'argent de poche (nach SB S. 105, Nr. 6)

Du sitzt mit deinem Austauschpartner vor dem PC. Du überlegst, ob du ein neues Album von Zaz herunterladen sollst.
Einigt euch, wer welche Rolle übernimmt. Knicke das Blatt an der gestrichelten Linie. Mit den eckigen Klammern könnt ihr euch kontrollieren.
Wechselt danach die Rollen. Jouez la scène.

STRATEGIE
Es geht nicht um das wörtliche Übersetzen!

Toi	Ton correspondant
1. Du fragst, ob er die Sängerin Zaz mag. Du findest ihre Stimme toll.	**1.** [Tu aimes la chanteuse Zaz? Je trouve sa voix super!]
2. [Moi aussi, j'aime la musique de Zaz. Mais je trouve que l'album est trop cher. Je n'ai pas assez d'argent pour acheter tout un album.]	**2.** Er mag die Musik von Zaz auch, findet aber, dass das Album zu teuer ist. Er hat nicht genug Geld, um ein ganzes Album zu kaufen.
3. Du fragst, wie viel Taschengeld er im Monat bekommt.	**3.** [Tu as combien d'argent de poche par mois?]
4. [J'ai 20 €, et toi?]	**4.** Er antwortet, dass er 20 € bekommt, und fragt zurück.
5. Du sagst, dass du auch 20 € bekommst. Deine Eltern geben dir aber manchmal Geld, um etwas zu kaufen.	**5.** [Moi aussi, j'ai 20 €. Mais parfois, mes parents me donnent de l'argent pour acheter quelque chose.]
6. [Mes parents aussi, mais ils ne paient pas toutes mes activités. Je gagne un peu d'argent. J'aide mes vieux voisins à faire les courses.]	**6.** Er sagt, dass seine Eltern das auch tun. Sie bezahlen aber nicht all seine Hobbys. Er verdient etwas Geld, er hilft seinen alten Nachbarn beim Einkaufen.
7. Du findest, dass das eine gute Idee ist.	**7.** [Je trouve que c'est une bonne idée.]

Pratique: tâches

Lire
Médiation
Ecrire
Ecouter

11 Vacances en France (nach SB S.107)

Tu rêves de passer des vacances en France avec d'autres jeunes. Tu en as parlé à ton professeur et il t'a donné un prospectus.
Voilà ce que tu vas faire:
(Hier steht, was du machen wirst:)

A *Tu vas lire le prospectus et en parler à tes parents.*
B *Tu vas écrire à ta correspondante Jeanne. Tu lui demandes si elle veut venir aussi.*
C *Elle va te téléphoner pour te dire si ou non.*

A *Lis le prospectus.*

Vacances franco-allemandes

Depuis plus de 60 ans le BILD[1] organise des rencontres franco-allemandes. Nous combinons cours de langue et bonnes vacances. Nos centres donnent aux jeunes la possibilité de passer leurs vacances ensemble, de progresser dans l'autre langue et de découvrir l'autre nationalité.
Des jeunes du même âge vivent dans un groupe binational et partagent les chambres, les repas et toutes les activités sportives, culturelles et de loisirs. Ils apprennent à mieux utiliser la langue du pays voisin et ils à mieux connaître le mode de vie et la mentalité de l'autre.
Dans chaque groupe, il y a des animateurs bilingues allemands et français.
Nos rencontres donnent aux jeunes une expérience interculturelle enrichissante qui va les aider à entrer dans l'Europe du 21e siècle.

Des centres en France et en Allemagne:

Camaret: 1/07 – 19/07
Pour les jeunes de 13 à 15 ans. Prix: 1020 €
Heringsdorf: 8/07 – 26/07
Pour les jeunes de 13 à 15 ans. Prix: 1020 €
Ciboure: 7/08 – 25/08
Pour les jeunes de 15 à 17 ans. Prix: 1030 €

Le programme:
Cours de langue (3 heures/jour en petits groupes), activités sportives; activités locales pour entrer en contact avec la population de la région; excursions culturelles. Des soirées à thème ainsi que des soirées disco ou barbecue sont organisées.

Les participants doivent avoir étudié l'allemand/le français **pendant au moins un an.**

Du willst mit deinen Eltern über dein Vorhaben sprechen. Suche im Prospekt die folgenden Informationen, unterstreiche sie und notiere sie hier.
Wohin könntest und möchtest du fahren? Welche Daten werden angeboten? Wie ist der Preis?

Du weißt, dass deine Eltern skeptisch sein werden. Suche im Prospekt drei Argumente, die du anführen würdest, damit dich deine Eltern fahren lassen. Unterstreiche die Schlüsselwörter im Prospekt, dann schreibe deine Argumente hier in Stichworten auf (auf Deutsch).

1. ______

2. ______

3. ______

1 BILD: Bureau International de Liaison et de Documentation

B *Ecris un courriel à ta correspondante Jeanne.*
Ecris où tu veux aller pendant tes vacances. Parle des dates et du prix.
Présente en peu de mots le BILD et le programme.
Dis pourquoi tes parents sont d'accord.
Demande à ta correspondante si elle a envie de participer à la rencontre.

De:	
A:	j.martinet@free.fr
Objet:	

109 **C** *La réponse de Jeanne est sur ton portable. Ecoute le message.*

Deine Eltern möchten schnell wissen, ob Jeanne mitfährt. Da sie nicht da sind und du zum Sport willst, hinterlässt du ihnen einen Zettel. Schreibe auf, ob Jeanne mitkommt und was ihr Vater und ihre Mutter gesagt haben.

Jeanne hat angerufen ...

Die Lösungen findest du auf den Seiten 116 – 117.

Bilan

1 Lire / Ecrire / Ecouter (nach SB S. 108, Nr. 1)

Ich kann in Gesprächen **Meinungen** und **Gefühle** äußern sowie **Vorschläge** machen.

A *Retrouve les cinq phrases.*

1. A mon avis, tu …

5. Je propose de …

… téléphoner à une de tes amies.

4. Je suis désolé(e), …

3. La raison, …

… as raison.

… ce n'est pas grave.

2. Ne t'en fais pas, …

… mais je ne peux rien faire.

… c'est que c'est trop cher.

1. ______________________________ ☐
2. ______________________________ ☐
3. ______________________________ ☐
4. ______________________________ ☐
5. ______________________________ ☐

110 **B** *Comment répondre? Ecoute les 5 personnes. Ecris le numéro de la scène qui correspond ici.*

2 En forme (nach SB S. 108, Nr. 2)

A Ich kann die Verben ***choisir, finir, réfléchir, réussir*** verwenden *(présent, passé composé, impératif).*

1. Quand est-ce que tes cours ______________ *(finir)* ce soir?
2. Mme Vitevite dit que nous ______________________ *(bien réussir)* l'interrogation.
3. Alors, tu viens au cinéma avec moi? Aujourd'hui ou demain? ______________ *(choisir)*
4. Attends, je ______________ *(réfléchir)*: oui, demain soir, ça va. Je viens avec Zoé.
5. Alors, vous regardez le programme et vous ______________ *(choisir)* un film.

B Ich kann die indirekten Objektpronomen ***lui*** und ***leur*** verwenden.

1. Téléphoner à Mehdi? Non, je ne ________ téléphone plus: il ne répond jamais. **2.** Expliquer l'exercice de maths aux copains? Ah non, je ne ________ explique plus rien: ils n'écoutent pas. **3.** Proposer une activité à mon amie? Non, quand je ________ propose quelque chose, elle me dit toujours non.

C Ich kann den Begleiter ***tout*** verwenden.

1. ________ ma famille fait du sport. **2.** Je fais du judo ________ les mardis et jeudis. **3.** Et souvent aussi ________ le week-end. **4.** Le sport, c'est bien après ________ ces heures de cours.

Bilan/En plus

3 En forme (nach SB S. 109, Nr. 6)

Ich kann die Formen des ***imparfait*** bilden.

C'ét __________ les vacances. Nous ét __________ en Bretagne.

Tous les jours, il fais __________ beau et nous pouv __________ donc nous baigner.

Moi, j'ador __________ la mer mais Julia dis __________ toujours que l'eau ét __________

trop froide. Le soir, nous nous promen __________ sur la plage.

4 En forme (nach SB S. 109, Nr. 7)

Ich kann die ***Eigenschaften*** zweier Dinge oder zweier Personen *vergleichen*.

Les Deschamps partent pour La Rochelle. Laura dit: «Je suis ________________ *(älter)* que Marc,

alors je monte devant.» «Je suis peut-être ________________ *(weniger alt)* que toi, mais je suis

________________ *(größer)* et je connais la route», répond son frère. Le père est en colère:

«Montez tous les deux derrière, vous êtes ________________ *(so verrückt)* que notre chien.»

En plus: différenciation

En forme

1 Oui papa, non papa …

△ *Le père de Julien lui pose des questions, beaucoup de questions …*
Complète les réponses de Julien. Utilise ***lui*** *ou* ***leur****. (Attention à la bonne place du pronom!)*

1. – Pour réparer ton vélo, tu as demandé **à maman**? – Oui papa, je __________ demandé.

2. – Tu expliques l'exercice de géo **à ton frère**?

– Non papa, je ______________________________ l'exercice de géo. Il est trop difficile.

3. – Tu vas enfin écrire **à tes grands-parents**?

– Oui papa, je ________________________

4. – Tu veux montrer ton bulletin **à ta tante** quand elle va arriver?

– Non papa, je ________________________________ mon bulletin.

5. – Pour préparer l'interro d'allemand, tu téléphones **à tes copains** ce soir?

– Mais oui papa, je ______________________ ce soir. Ah, papa, j'adore tes questions!

Die Lösungen findest du auf S. 117.

En plus

Ecouter
: regarder

2 Dans la rue

A ***Avant l'écoute:*** *Regarde la photo. La jeune femme fait des interviews. Imagine les questions qu'elle va poser.*

111 **B** ***Pendant l'écoute:*** *Quelle personne aime quelle(s) activité(s)? Tire des traits. Tu peux aussi regarder la vidéo.*

1. 

2. 

3. 

4. 

C ***Après l'écoute:*** *Et toi, quelle est ton activité préférée? Explique pourquoi. Ecris 3–5 phrases.*

3 [La langue dans son contexte]

A *In diesem Text sind 6 Wörter zu viel eingebaut. Finde sie und schreibe sie über den Papierkorb. Ohne diese Wörter ist der Text völlig korrekt.*

Estelle et Jamel sont devant de le cinéma sur les Champs Elysées. Ils attendent leur copine Sarah qui est toujours arrive en retard. Jamel est en colère et veut partir, mais Estelle lui dit d'attendre encore plus 5 minutes. Elle sait que leur copine a des petits problèmes avec ses parents et qu'elle va leur bientôt arriver. Quelques minutes plus tard, Sarah arrive trop enfin. «Salut tout le monde. Vous n'avez pas encore acheté les tickets? Le film va aller commencer dans deux minutes.»

B ***A vous.*** *Ecrivez un petit texte dans votre cahier. Ajoutez quelques mots qui ne sont pas corrects. Donnez le texte à votre voisin(e) Il (elle) va le corriger.*

PORTFOLIO

Das kann ich schon! (nach Unités 5 – 7)

Selbsteinschätzung: *Hier kannst du feststellen, wie fit du bist. Kreuze an, wie deine Ampel steht (linke Ampel). Wenn du unsicher bist, wiederhole die Übungen, die in der rechten Spalte angegeben sind.*

Partnereinschätzung: *Ihr könnt euch auch gegenseitig einschätzen (rechte Ampel).*

Selbsteinschätzung am: ______________ *Datum*   Partnereinschätzung am: ______________ *Datum*

Sich auf Französisch verständigen	Selbst	Übungen	Partner
Ich kann einige Informationen zu einer französischen Stadt oder Region geben, z. B. Sehenswürdigkeiten und Freizeitaktivitäten nennen.	● ● ●	SB S. 74	● ● ●
Ich kann in einfachen Worten beschreiben, wie ich das Internet nutze, und einige Seiten nennen, die mir gefallen.	● ● ●	SB S. 90, Nr. 1	● ● ●
Ich kann eine Sängerin / einen Sänger vorstellen und begründen, warum mir ihre / seine Musik gefällt.	● ● ●	SB S. 92, Nr. 1, 2	● ● ●
Ich kann für vorgegebene Comicbilder kleine Sprechblasentexte erfinden.	● ● ●	SB S. 94, Nr. 2 CdA S. 81, Nr. 3 CdA S. 82, Nr. 4	● ● ●
Ich kann in wenigen Sätzen beschreiben, wovon ich träume, was ich tun oder haben möchte. Ich kann sagen, warum.	● ● ●	SB S. 107, Nr. 1B	● ● ●
Ich kann zu bestimmten Themen meine Meinung äußern und sie begründen, z. B. wenn es um das Thema „Taschengeld" geht.	● ● ●	SB S. 106, Nr. 8B	● ● ●
Mediation: Wenn ich im französischen Radio Informationen über Ferienmöglichkeiten in einer französischen Region und über das Wetter dort höre, kann ich schon manches verstehen und auf Deutsch wiedergeben.	● ● ●	CdA S. 71, Nr. 1	● ● ●
Mediation: Wenn ich im Internet eine deutsche Anzeige lese, in der z. B. ein Jugendlicher eine französische Gastfamilie sucht, kann ich auf Französisch erzählen, worum es in der Anzeige geht.	● ● ●	SB S. 106, Nr. 9	● ● ●
Hier und dort			
Ich kann die Schulferien in Frankreich mit denen in meinem Land vergleichen.	● ● ●	CdA S. 68, Nr. 10	● ● ●
Gewusst, wie …			
Ich kann einen Text schreiben, indem ich Stichworte sammle, sie gliedere, die einzelnen Sätze mit Bindewörtern verknüpfe und schließlich meinen Text auf Fehler überprüfe.	● ● ●	SB S. 83, Nr. 7 SB S. 98 CdA S. 86, Nr. 2	● ● ●
Wenn ich einen einfachen Text hören und verstehen will, hilft es mir, vor dem Hören zu überlegen, worum es gehen könnte. Während des Hörens kann ich Schlüsselwörter notieren und nach dem Hören die Hauptaussage formulieren.	● ● ●	SB S. 102, Nr. 6 CdA S. 88, Nr. 5	● ● ●
Ich kann einen sinnvoll strukturierten „Spickzettel" einsetzen, wenn ich etwas präsentiere.	● ● ●	SB S. 107, Nr. 1	● ● ●

Wo hast du die grüne Ampel angekreuzt? Übertrage diese Einträge auf das Poster am Ende des „Cahier".

Mit diesem Spiel kannst du die Zahlen bis 100 trainieren.
Beachte die Anleitung auf der Vorder- und Rückseite dieses Blattes.
Du kannst das Spiel von Beginn des zweiten Bandes an spielen.

1. ***Was brauchst du?*** *Schneide die Karten aus und verwahre sie in einem Briefumschlag. Du kannst mit der Vorder- oder Rückseite spielen. Auf jeder Spielkarte gibt es 3 waagerechte Reihen und 10 senkrechte Spalten. In jeder Reihe müssen 5 Zahlen stehen, 3 sind schon eingetragen, ergänze also zunächst in jeder Reihe 2 beliebige Zahlen zwischen 0 und 100, die zu der angegebenen senkrechten Zehnerkolonne passen. Die vierte Karte ist leer, du kannst sie als Schablone benutzen, um weitere Karten herzustellen. Als Spielchips eignen sich z. B. kleine Papierquadrate.*
2. ***Wer spielt?*** *Spielt das Spiel mit der ganzen Klasse.*
Ein Schüler (oder der Lehrer) übernimmt die Rolle des Spielleiters.

0–9	10–19	20–29	30–39	40–49	50–59	60–69	70–79	80–89	90–100
7	19					61			
		29		48					100
	13						71		95

0–9	10–19	20–29	30–39	40–49	50–59	60–69	70–79	80–89	90–100
4						68		85	
		28			51				93
	12			47		69			

0–9	10–19	20–29	30–39	40–49	50–59	60–69	70–79	80–89	90–100
1				44			73		
2			38			66			
					50			81	94

Zahlentraining

3. ***Wie wird gespielt?*** *Spielt das Spiel jeweils mit zwei oder drei Karten.*
Legt sie untereinander, sodass ihr sie alle gut sehen könnt.
Der Spielleiter ruft laut auf Französisch eine Zahl zwischen 0 und 100.
Wenn du diese Zahl auf einer deiner Karten findest, lege einen Spielchip darauf.
Die Zahlen werden nur einmal genannt, du musst also genau aufpassen.
Gewonnen hat, wer zuerst die 5 Zahlen einer waagerechten Reihe mit Chips belegt hat.
Er ruft dann „Gagné!". Der Spielleiter kontrolliert anhand der Zahlen, die er ausgerufen hat.
Stimmen die Zahlen, erhält der Sieger einen Preis. Alle Chips werden entfernt und das Spiel beginnt von vorn.
Im Internet stehen für den Spielleiter alle Zahlen von 0 bis 100 zur Verfügung. Diese werden ausgeschnitten.
Sie kommen in eine Tüte, aus der sie der Spielleiter nacheinander zieht und ausruft.
So wird jede Zahl nur einmal verwendet.

Mehr dazu 34b45a

0–9	*10–19*	*20–29*	*30–39*	*40–49*	*50–59*	*60–69*	*70–79*	*80–89*	*90–100*
	15			43					96
5			39					88	
		21				68			99

0–9	*10–19*	*20–29*	*30–39*	*40–49*	*50–59*	*60–69*	*70–79*	*80–89*	*90–100*
8	11			46					
		27			58				90
	14					63		82	

0–9	*10–19*	*20–29*	*30–39*	*40–49*	*50–59*	*60–69*	*70–79*	*80–89*	*90–100*

Beachte die Anleitung auf der Vorder- und Rückseite dieses Blattes.
Hinweis: *Mit der gelben Wörterkarte kannst du von Beginn an trainieren, mit den grünen Karten nach Unité 2, mit den blauen nach Unité 4 und mit den roten nach Unité 6. Die zwei leeren Karten kannst du mit Themen und Wörtern füllen, die dir persönlich wichtig sind.*

1. *Du kannst mit diesen Wörterkarten gut Wortschatz wiederholen. Schneide die Karten aus, mische sie, schau dir Vorder- und Rückseite an. Dann versuche, dich an möglichst viele Wörter zu erinnern.*

les vêtements

une personne

les moyens de transport

en ville

à l'école

manger

boire

en vacances

l'ordinateur

la musique

☺ *mein eigenes Thema*

☺ *mein eigenes Thema*

Wörtertraining

2. *Ihr könnt mit den Karten auch ein Spiel machen. Bildet kleine Gruppen. Zieht eine Karte. Dann sagt jeder ringsum ein Wort, das zum angegebenen Thema passt. Schaut nicht auf die Rückseite. Gleichzeitig gebt ihr einen kleinen Zeitwecker weiter, den ihr so eingestellt habt, dass er nach einer bestimmten Zeit klingelt. Wer gerade „dran" ist, wenn er klingelt, erhält einen Minus-Punkt. Wer nach einigen Runden die meisten Minuspunkte hat, hat verloren. Die Wörter, die ihr sagt, müssen nicht unbedingt auf der Rückseite vorkommen.*
Aber Achtung! *Ihr dürft nicht zweimal dasselbe Wort sagen. Sonst gibt es auch einen Minuspunkt.*

un moyen de transport, un vélo, une voiture, un taxi, un bus, un métro, un train, un TGV, un avion, une station, un ticket, à droite, à gauche, tout droit, aller à pied, aller en voiture, prendre un train, changer de métro, traverser, descendre, monter, arriver, être en retard, attendre

une personne, un homme, une femme, une dame, un / une enfant, un garçon, une fille, grand, petit, joli, timide, content, cool, bête, intéressant, fatigué, en forme, bizarre, triste, sympa, drôle, heureux, malheureux, courageux, dangereux, curieux, un œil, avoir les yeux bleus / marron / noirs / verts, un cheveu, avoir les cheveux blonds / bruns / roux / gris / longs, avoir onze ans, avoir l'air d'une star, ressembler à une star

un vêtement, une couleur, un chapeau, une casquette, un anorak, un t-shirt, une chemise, un pull, une veste, un pantalon, un jean, une robe, une jupe, une poche, des baskets, des chaussures, grand, petit, long, joli, génial, moderne, bizarre, drôle, chaud, froid, cher, vert, blanc, bleu, jaune, rouge, gris, noir, mettre, porter

manger, un repas, la faim, un fruit, une orange, une pomme, un citron, un légume, une tomate, une pomme de terre, une salade, la viande, un steak-frites, un saucisson, une moule, un œuf, un yaourt, un fromage, un gâteau, le chocolat, une gaufre, une crêpe, une quiche, le pain, une baguette, le beurre, la farine, l'huile, le sucre, une entrée, un plat principal, un dessert, un petit-déjeuner, avoir faim, faire la cuisine, goûter

Wörter nur aus Band 2:
la rentrée, un bulletin scolaire, un cahier de textes, un carnet de correspondance, un tableau, la permanence, un surveillant, une discussion, une leçon, un dessin, une page, un résultat, une note, la moyenne, avoir la moyenne, avoir cours, être bon en géographie, être mauvais en anglais, expliquer, noter, apprendre, comprendre, connaître

une ville, un quartier, une maison, une poubelle, une rue, un carrefour, une place, un parc, un souterrain, une tour, une gare, une poste, un café, un restaurant, une école, un collège, un lycée, un magasin, une boutique, une maison de la presse, un marché, un marché aux puces, un supermarché, un théâtre, un cinéma, une piscine, moderne, habiter, visiter

un ordinateur, Internet, le net, un site, un courriel, l'adresse e-mail, un blog, un jeu vidéo, une souris, une clé USB, un portable, un SMS, un MMS, sur Internet, utiliser, chatter, surfer, rester en contact, jouer à un jeu vidéo, envoyer un SMS, écrire un courriel, lire un blog, écouter une chanson en ligne, regarder une vidéo, chercher un site

les vacances, un voyage, une valise, le départ, l'arrivée, un touriste, un guide, un souvenir, un pays, une région, en Normandie, un gîte, la mer, au bord de la mer, une plage, une dune, le sable, une vague, un bateau, un skimboard, une saison, le printemps, au printemps, l'été, en été, l'automne, en automne, l'hiver, en hiver, une semaine, quinze jours, un mois, être en vacances, passer les vacances, visiter, faire des photos

boire, une boisson, la soif, l'eau, une eau minérale, un coca, un diabolo menthe, un jus, un jus de pommes, un chocolat, un café, le lait, le sucre, un verre, une tasse, un bol, une cuillère, chaud, froid, bon, mauvais, avoir soif, une cantine

la musique, un groupe, un chanteur, une voix, une chanson, une mélodie, un texte, un instrument de musique, une guitare, un violon, une batterie, un harmonica, un piano, le saxophone, un album, un CD, un DVD, un nouvel album, le style, le rythme, le rock, le pop, la techno, la danse, un festival, une belle voix, une vieille chanson, chanter, jouer de la guitare, faire du piano

Beachte die Anleitung auf der Vorder- und Rückseite dieses Blattes.
Hinweis: *Mit der gelben Seite der Dialogkarten kannst du von Beginn an trainieren, mit der grünen Seite nach Unité 2, mit der blauen Seite nach Unité 4 und mit der roten Seite nach Unité 6.*

1. *Schneide die Dialogkarten aus und verwahre sie in einem Briefumschlag.*

Au marché aux puces A 	**Au marché aux puces** B 
Vendeur	***Client***
A: *(beginnt)* **fragt, was der Kunde sucht**	[A *(beginnt)* Qu'est-ce que vous cherchez? / Vous désirez?]
[Je cherche une casquette rouge.]	**B: sucht eine rote Kappe**
A: bedauert – hat blaue, grüne und schwarze Kappen, aber keine roten	[Désolé(e). / C'est dommage. J'ai des casquettes bleues, vertes et noires, mais pas de casquettes rouges.]
[Elle fait / coûte combien, la casquette noire?]	**B: fragt, was die schwarze Kappe kostet**
A: nicht teuer – 11 Euro	[Elle n'est pas chère, 11 euros.]
[Oh non, c'est trop cher. Voilà 8 euros. C'est d'accord?]	**B: zu teuer – bietet 8 Euro an – fragt, ob einverstanden**
A: lehnt ab – bereit, die Kappe für 9 Euro zu überlassen	[Ah non! Mais je suis d'accord pour 9 euros.]
[C'est cher! Mais je suis d'accord. Voilà 9 euros. Au revoir, monsieur / madame.]	**B: teuer – aber einverstanden – gibt Geld – verabschiedet sich**
A: bedankt und verabschiedet sich	[Merci, monsieur / madame. Au revoir.]
Spielt den Dialog noch einmal mit anderen Kleidungsstücken und anderen Preisen.	*Spielt den Dialog noch einmal mit anderen Kleidungsstücken und anderen Preisen.*

Un coup de téléphone A 	**Un coup de télephone** B 
Les Catacombes de Paris	***Toi***
1. A: *(beginnt)* Allô? Les Catacombes de Paris, j'écoute.	**2.** Du meldest dich mit deinem Vor- und Nachnamen. Du hast gestern schon einmal angerufen und hast noch Fragen.
3. … will wissen, was man für den Anrufer tun kann	**4.** Du möchtest wissen, ob man montags in die Katakomben gehen kann.
5. … bedauert und sagt, dass die Katakomben montags schließen, aber dass man von Dienstag bis Sonntag von 10 bis 17 Uhr kommen kann	**6.** Du möchtest wissen, wie viel der Eintritt kostet.
7. … fragt nach dem Alter	**8.** Du bist 16 Jahre und deine Schwester 12.
9. … sagt, dass der Anrufer 4 € und die Schwester nichts bezahlen muss	**10.** Du willst wissen, ob es in den Katakomben kalt ist.
11. … bestätigt, dass es in den Katakomben nicht sehr warm ist und dass man einen Pullover anziehen soll	**12.** Du bedankst und verabschiedest dich.
Spielt den Dialog noch einmal mit anderen Pariser Sehenswürdigkeiten.	*Spielt den Dialog noch einmal mit anderen Pariser Sehenswürdigkeiten.*

Dialogtraining

2. *Wenn du trainierst, trainiere mit einem Partner. Schneide die Dialogkarte in die A-Hälfte und die B-Hälfte. Jeder nimmt eine Hälfte. Wechselt die Karten und damit die Rollen nach einem Durchgang.*

Préparer un anniversaire **A** 	**Préparer un anniversaire** **B** 
Vater / Mutter *bereiten mit Sohn / Tochter die Geburtstagsfeier vor.*	*Vater / Mutter bereiten mit* ***Sohn / Tochter*** *die Geburtstagsfeier vor.*
1. A: *(beginnt)* fragt, wie viele Personen eingeladen werden	**2.** … hat 8 Freunde und Freundinnen eingeladen
3. … fragt, was getrunken werden soll	**4.** … weiß nicht so recht. Vielleicht Mineralwasser, Apfelsaft und Cola
5. … einverstanden … wird 3 Flaschen Mineralwasser und 2 Flaschen Apfelsaft kaufen	**6.** … will wissen, ob noch Cola da ist
7. … keine mehr da, wird auch 2 Flaschen Cola kaufen … bietet an auch Kuchen zu machen	**8.** … möchte keinen Kuchen, lieber Waffeln … fragt, ob alles da ist, um sie vorzubereiten
9. … natürlich … hat Mehl, Eier, ein wenig Milch, Zucker … wird schon gehen	**10.** … fragt, ob sie auch Joghurt mit Orangen essen können
11. … gute Idee … aber könnte auch einen Obstsalat vorbereiten	**12.** … einverstanden … will mit zum Einkaufen gehen
Spielt den Dialog noch einmal mit anderen Lebensmitteln.	*Spielt den Dialog noch einmal mit anderen Lebensmitteln.*

Comment passer l'après-midi? **A** 	**Comment passer l'après-midi?** **B** 
Führt einen Dialog. Achtung! Macht aus den Stichworten ganze Sätze.	*Führt einen Dialog. Achtung! Macht aus den Stichworten ganze Sätze.*
1. A: *(beginnt)* venir chez moi – cet après-midi?	**2. B:** d'accord – qu'est-ce que – on – faire?
3. écouter – musique – Zaz – nouveau CD	**4.** Zaz – nul – préférer chatter – Internet
5. pas possible – problème – ordinateur	**6.** regarder – DVD?
7. quel – DVD?	**8.** père – beaucoup de DVD – Astérix – rigoler
9. pas envie – Astérix – pas intéressant	**10.** difficile – Zaz: nul – ordinateur: problème – Astérix: pas intéressant; alors – faire quoi?
11. … sortir – parc des Batignolles – jouer au ping-pong	**12.** ping-pong – Ça ne – me – dire – rien – aimer mieux – aller – piscine
…	…
Beendet den Dialog, sodass ihr euch auf eine Beschäftigung und eine Uhrzeit für das Treffen einigt. Spielt dann den Dialog noch einmal mit anderen Beschäftigungen.	*Beendet den Dialog, sodass ihr euch auf eine Beschäftigung und eine Uhrzeit für das Treffen einigt. Spielt dann den Dialog noch einmal mit anderen Beschäftigungen.*

Beachte die Anleitung auf der Vorder- und Rückseite dieses Blattes.
Hinweis: *Mit der gelben Seite der Karten kannst du von Beginn an trainieren, mit der grünen Seite nach Unité 2, mit der blauen Seite nach Unité 4 und mit der roten Seite nach Unité 6.*

1. *Schneide die Karten aus und verwahre sie in einem Briefumschlag.*

avoir *Présent:* tu ? ***(tu as)*** nous ? ***(nous avons)***	**je vais lire** *Welche Zeit?* ***(Futur composé)*** *Übersetzung?* ***(ich werde lesen)***	**nous lisons** *Wie heißt der Infinitiv?* ***(lire)*** *Présent:* je ? ***(je lis)***	***Übersetze:*** *ihr werdet schreiben* ***(vous allez écrire)*** *wir schreiben* ***(nous écrivons)***
prendre *Présent:* nous ? ***(nous prenons)*** ils *(Pluriel)* ? ***(ils prennent)***	**vous faites** *Wie heißt der Infinitiv?* ***(faire)*** *Présent:* nous ? ***(nous faisons)***	**nous allons écrire** *Welche Zeit?* ***(Futur composé)*** *Übersetzung?* ***(wir werden schreiben)***	**il a fait** *Welche Zeit?* ***(Passé composé)*** *Übersetzung?* ***(er hat gemacht)***
être *Présent:* ils *(Pluriel)* ? ***(ils sont)*** tu ? ***(tu es)***	**nous avons** *Présent:* ils *(Pluriel)* ? ***(ils ont)*** *Futur composé:* tu ? ***(tu vas avoir)***	**aller** *Impératif singulier* ***(va)*** *Présent:* ils *(Pluriel):* ? ***(ils vont)***	**lire** *Présent:* nous ? ***(nous lisons)*** vous ? ***(vous lisez)***
nous sommes *Übersetzung?* ***(wir sind)*** *Présent:* vous ? ***(vous êtes)***	**parler** *Présent:* tu ? ***(tu parles)*** *Passé composé:* tu ? ***(tu as parlé)***	***Übersetze:*** *ihr macht* ***(vous faites)*** *du machst* ***(tu fais)***	***Übersetze:*** *wir werden nehmen* ***(nous allons prendre)*** *wir haben genommen* ***(nous avons pris)***
je suis *Wie heißt der Infinitiv?* ***(être)*** *Présent:* on ? ***(on est)***	**ils mettent** *Übersetzung?* ***(sie setzen, stellen…)*** *Wie heißt der Infinitiv?* ***(mettre)***	**mettre** *Présent:* vous ? ***(vous mettez)*** *Futur composé:* on ? ***(on va mettre)***	***Übersetze:*** *Fangen wir an!* ***(Commençons.)*** *Fangen Sie an!* ***(Commencez.)***
Lisez. *Übersetzung?* ***(Lest!)*** *Futur composé:* tu ? ***(tu vas lire)***	**ils écrivent** *Übersetzung?* ***(sie schreiben)*** *Présent:* tu ? ***(tu écris)***	**elles prennent** *Übersetzung?* ***(sie nehmen)*** *Wie heißt der Infinitiv?* ***(prendre)***	**ils vont** *Wie heißt der Infinitiv?* ***(aller)*** *Présent:* nous ? ***(nous allons)***
manger *Présent:* nous ? ***(nous mangeons)*** *Passé composé:* vous ? ***(vous avez mangé)***	**il va neiger** *Welche Zeit?* ***(Futur composé)*** *Übersetzung?* ***(es wird schneien)***	***Übersetze:*** *ich wohne* ***(j'habite)*** *wir wohnen* ***(nous habitons)***	***Übersetze:*** *ich höre zu* ***(j'écoute)*** *ihr habt zugehört* ***(vous avez écouté)***

Verbtraining

2. *Wenn du trainierst, trainiere mit einem Partner. Verteilt die Karten gemischt auf einem Tisch.* ***A*** *nimmt eine Karte und stellt die Aufgabe.* ***B*** *antwortet.* ***A*** *kontrolliert mit Hilfe der Lösungen, die blau in Klammern stehen. Wurden die Fragen richtig beantwortet, erhält* ***B*** *die Karte und legt sie vor sich hin.*
3. *Dann zieht* ***B*** *eine Karte und verfährt genauso. Wenn alle Karten verteilt sind, stellen sich die Partner noch einmal die Fragen, die sie selbst beantwortet haben.*

Nenne das *Participe passé* der Verben: être ▶ ***(été)*** avoir ▶ ***(eu)*** voir ▶ ***(vu)***	***Übersetze:*** *wir haben gesehen* ***(nous avons vu)*** *wir sehen* ***(nous voyons)***	**j'ai compris** *Übersetzung?* ***(ich habe verstanden)*** *Wie heißt der Infinitiv?* ***(comprendre)***	**savoir** *Présent:* nous ? ***(nous savons)*** *Passé composé:* on ? ***(on a su)***
Übersetze: *wir kennen* ***(nous connaissons)*** *ich habe gekannt* ***(j'ai connu)***	**voir** *Présent:* tu ? ***(tu vois)*** *Passé composé:* tu ? ***(tu as vu)***	***Übersetze:*** *er hat geöffnet* ***(il a ouvert)*** *ich öffne* ***(j'ouvre)***	**Nenne das *Participe passé* der Verben:** répondre ▶ ***(répondu)*** perdre ▶ ***(perdu)*** entendre ▶ ***(entendu)***
perdre *Présent:* tu ? ***(tu perds)*** elles *(Pluriel)* ? ***(elles perdent)***	**comprendre** *Passé composé:* je ? ***(j'ai compris)*** *Übersetzung?* ***(ich habe verstanden)***	**savoir:** *Nenne alle Formen im Présent.* ***(je sais, tu sais, il sait, nous savons, vous savez, ils savent)***	**avoir:** *Nenne alle Formen im Présent.* ***(j'ai, tu as, il a, nous avons, vous avez, ils ont)***
boire *Présent:* vous ? ***(vous buvez)*** *Passé composé:* nous ? ***(nous avons bu)***	**ils ont pu** *Übersetzung?* ***(sie haben gekonnt)*** *Présent:* nous ? ***(nous pouvons)***	***Übersetze:*** *sie ist gekommen* ***(elle est venue)*** *Kommt!* ***(Venez.)***	**descendre** *Présent:* ils *(Pluriel)* ? ***(ils descendent)*** *Passé composé:* ***(ils sont descendus)***
vouloir *Présent:* tu ? ***(tu veux)*** elles *(pluriel)* ? ***(elles veulent)***	**payer** *Présent:* je ? ***(je paie)*** vous ? ***(vous payez)***	***Übersetze:*** *Kaufe!* ***(Achète.)*** *ihr habt gekauft* ***(vous avez acheté)***	**préférer** *Présent:* je ? ***(je préfère)*** *Passé composé:* je ? ***(j'ai préféré)***
dire: *Nenne alle Formen im Présent.* ***(je dis, tu dis, il dit, nous disons, vous dites, ils disent)***	**vous dites** *Wie heißt der Infinitiv?* ***(dire)*** *Passé composé:* nous ? ***(nous avons dit)***	**dormir** *Présent:* on ? ***(on dort)*** elles *(Pluriel)* ? ***(elles dorment)***	**sortir** *Présent:* ils *(Pluriel)* ? ***(ils sortent)*** *Passé composé:* ***(ils sont sortis)***
recevoir *Présent:* nous ? ***(nous recevons)*** ils *(Pluriel)* ? ***(ils reçoivent)***	***Übersetze:*** *Elle a dû venir.* ***(Sie hat kommen müssen.)*** *Infinitiv von „dû"?* ***(devoir)***	***Übersetze:*** *ich fahre ab* ***(je pars)*** *sie ist abgefahren* ***(elle est partie)***	***Übersetze:*** *elle a reçu* ***(sie hat erhalten)*** *du erhältst* ***(tu reçois)***

LE COIN JEUX

Hier findest du einige Vorschläge zu kleinen „Sprachspielen“.
Sie gehen schnell und machen Spaß.
A *und* **B** *sind die unterschiedlichen Partner, wenn ihr zu zweit spielt.*

Trouver l'heure

A: *Schreibe, ohne dass* **B** *es sieht, eine Uhrzeit zwischen 1 und 12 Uhr auf einen Zettel (volle Stunde, ¼, ½, ¾ Stunde).*
B: *Finde die Uhrzeit durch Fragen heraus.*
A: *Antworte mit* ***C'est avant. C'est après.***
Beispiel:
B: *Il est 8 heures?* **A:** *Non, c'est avant.*
B: *Il est 6 heures?* **A:** *Non, c'est après …*

Jeu de dé (les verbes)

A: *Schlage die Seiten 80–83 in deinem Grammatischen Beiheft auf und nenne ein Verb und eine Zeit (z. B.* ***lire, Présent****).*
B: *Würfele eine Zahl und nenne die Verbform. Dabei stehen die Würfelzahlen für folgende Formen: 1 = je, 2 = tu, 3 = il / elle, 4 = nous, 5 = vous, 6 = ils / elles.*
Wechselt die Rollen nach 3 Beispielen.

Compter de 1 à 60

Bildet Dreiergruppen. Sagt im Uhrzeigersinn die Zahlenreihe von 1–60 auf. Ersetzt dabei jede Zahl, die durch 4 geteilt werden kann, durch „BOUM“. Wer einen Fehler macht, bekommt einen Minus-Chip oder einen Minus-Punkt, darf aber weiter mitspielen. Wer am Ende am wenigsten Minuspunkte hat, hat gewonnen. (Ihr könnt statt 4 auch eine andere Zahl wählen.)
Beispiel: *Un – deux – trois –* ***Boum!*** *– cinq – six – sept –* ***Boum!*** *– …*

Mots épelés (Buchstabierte Wörter)

Teilt die Klasse in Vierergruppen. Ein Schüler steht vor der Klasse und buchstabiert ein französisches Wort aus der aktuellen Unité. Er nennt den ersten Buchstaben, die weiteren Buchstaben durcheinander. Die Gruppen können die Buchstaben mitschreiben. Welche Gruppe errät das Wort als erste? Sie bekommt einen Punkt.

Qui suis-je?

Schreibe den Namen einer Lehrwerksperson auf einen Zettel und hefte diesen einem Mitschüler mit einer Sicherheitsnadel an den Rücken. Alle Schüler laufen durcheinander und versuchen, durch Fragen an Mitschüler (max. 2 Fragen pro Schüler) herauszufinden, „wer sie sind“. Dabei dürfen nur Est-ce que-Fragen gestellt werden (z. B.: ***Est-ce que je suis le frère de X?****). Hast du deinen Namen herausgefunden, gehst du zu deiner Lehrerin / deinem Lehrer und lässt dir einen Zettel mit einem anderen Namen auf den Rücken heften.*

Ecrire un court poème

Schreibe ein kurzes Gedicht, indem du dich an einer der beiden Vorlagen orientierst. Hänge dein Gedicht in der Klasse aus.

Vorlage 1:	**Vorlage 2:**
Ensemble,	(impératif)
Nous …	(impératif)
Nous …	(impératif)
Nous …	**Mais ne** (impératif) **pas.**
Mais moi, je …	

Beispiel:
Ensemble,
Nous pouvons aller au cinéma,
Nous pouvons organiser une fête,
Nous pouvons faire du sport,
Mais moi, je veux être seul(e) de temps en temps.

Unité 8

C'était chouette!

Atelier A

Ecrire

1 A propos du texte (nach SB S. 116, Nr. 1)

A *Voici quelques photos de la semaine banalisée. Qu'est-ce que les jeunes ont fait? Ecris deux ou trois phrases par photo dans ton cahier.*

1. Bachir

2. Lucie

3. Manon

4. Sacha

B *Pourquoi est-ce que Sacha n'a pas la pêche? Relis le texte à la page 116 de ton livre. Ecris pourquoi Sacha est malheureux et ce que Lucie propose de faire pour lui.*

Ecouter et écrire

2 Pour être heureux ... (nach SB S. 117, Nr. 3)

«Radio-France» a interviewé des jeunes.

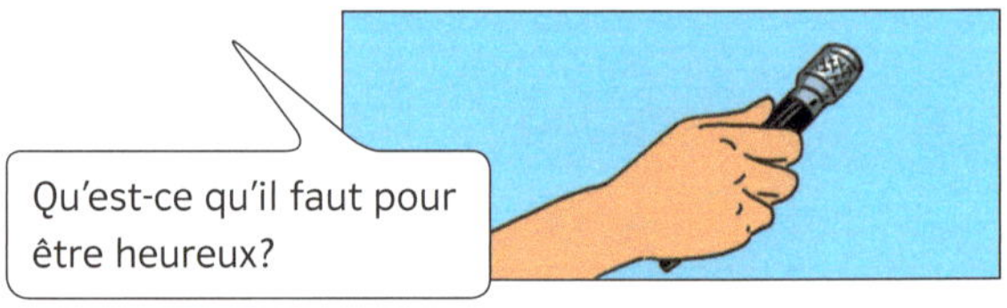

120 **A** *De quoi est-ce qu'ils parlent? Ecoute les 4 jeunes et coche les bonnes cases (2 par personne).*

Sujets:	amis	famille	livres	musique	nature	sport
1. Chloé	☐	☐	☐	☐	☐	☐
2. Romain	☐	☐	☐	☐	☐	☐
3. Julie	☐	☐	☐	☐	☐	☐
4. Thomas	☐	☐	☐	☐	☐	☐

B *Et toi, qu'est-ce qu'il te faut pour être heureux / heureuse?*

PORTFOLIO *Ecris un commentaire pour le site Internet d'«OKAPI». Tu peux mettre ton texte dans ton portfolio.*

de sons

3 Appels et rappels d'un prof (nach SB S. 118, Nr. 5)

121 *Ecoute et complète les phrases avec le verbe que tu entends. Attention à l'orthographe: **re-** ou **ré-**.*

1. Allez, les jeunes, ____________________ vos livres, s'il vous plaît.
2. Ça va, Valentin, tu as enfin ____________________ tes affaires?
3. ____________________ maintenant un peu la grammaire.
4. ____________________ les phrases au tableau. Est-ce qu'elles sont correctes?
5. ____________________ au texte. Emma, tu ____________________ les idées importantes.
6. On va ____________________ le CD, la dame parle très vite.
7. Arrête, Lisa. Ne ____________________ pas ce que je dis. Karim peut très bien m'écouter tout seul.

n forme

4 «rire» et «croire» (G 32, 33) (nach SB S. 118, Nr. 7)

→ En plus S. 107, Nr. 2 △

*Complète les bulles avec les bonnes formes de **rire** ou **croire**.*

En forme

5 L'histoire de Koumaïl-Blaise (G 31) (nach SB S. 118, Nr. 7)

Complète l'histoire de Blaise avec les verbes à l'imparfait ou au passé composé.

Il *(être)* ________________ une fois un petit garçon, Blaise.

C'*(être)* ________________ un bébé qui *(vivre)* ________________

heureux en Géorgie, avec ses parents. Un jour, sa mère *(aller)*

________________ en train voir une amie. Lui, il *(rêver)*

________________ dans ses bras. Elle

(chanter) ________________ des chansons.

Tout à coup, on *(entendre)* ________________ un grand bruit. La mère et l'enfant *(crier)* ________________.

Des hommes et des femmes de la ville *(arriver)* ________________ vers le train. Gloria *(prendre)*

________________ le petit Blaise dans ses bras. Dans le sac de sa mère, elle *(trouver)* ________________

son passeport. La mère de Blaise *(être)* ________________ née en France au Mont-Saint-Michel.

Blaise *(être)* ________________ français! A ce moment-là, Gloria n'*(avoir)* ________________ qu'une

idée en tête: aller en France avec Blaise et laisser Blaise à sa famille. Pour le moment, Blaise *(vivre)*

________________ dans une famille du Caucase avec Gloria qui lui *(raconter)* ________________

toujours son histoire: il *(s'appeler)* ________________ Blaise Fortune, il *(être)* ________________ français,

il *(avoir)* ________________ un passeport français. Un jour, quand Blaise *(avoir)* ________________ 7 ans,

le grand voyage vers la France *(commencer)* ________________. Alors, Blaise et Gloria *(habiter)*

________________ dans la rue ou dans des vieilles maisons. Ils *(traverser)* ________________ des mers,

des pays. Ils *(avoir)* ________________ très peur, ils *(avoir)* ________________ très faim et soif. Un jour,

ils *(arriver)* ________________ à Budapest. Là, Gloria *(mettre)* ________________ Blaise dans un bus

pour Paris et Blaise *(perdre)* ________________ Gloria. Elle *(ne pas venir)* ________________ avec lui

à Paris. Elle *(être)* ________________ malade. Blaise *(avoir)* ________________ très froid. Tout à coup,

des policiers *(ouvrir)* ________________ la porte du bus et ils ont crié: «Dehors, Raus!» Le grand voyage

(être) ________________ fini. Blaise *(avoir)* ________________ 12 ans.

D'après Anne-Laure Bondoux, Le temps des miracles.

Atelier B

Médiation
Ecrire

6 Jordana: Non! Non! Non! (nach SB S. 119, Nr. 1)

A *Du hörst gerade von Camélia Jordana „Non! Non! Non!". Deine Mutter / Dein Vater kommt dazu und hört ein Stück des Chansons. Sie / Er möchte wissen, wovon es handelt.*
Mit welcher der drei Zusammenfassungen gibst du den Inhalt richtig wieder?

„Das Chanson handelt von einer Frau, deren Freund ihr keine Ruhe lässt. Sie möchte gar nicht mit ihm Schluss machen, hat aber keine Lust, andauernd auf Tour zu sein, in Cafés oder Diskos zu gehen. Sie möchte auch mal eine Zeitlang allein in ihrem Wohnzimmer herumhängen dürfen, Musik hören, sich sogar langweilen und sich nicht immer schick anziehen oder schminken müssen. Ihr Freund hört aber nicht auf, sie mit Fragen zu nerven." **1.** ☐

„Das Chanson handelt von einer Frau, deren Freunde sie nicht in Ruhe lassen. Diese wollen etwas mit ihr unternehmen, aber sie möchte das nicht. Sie sitzt zu Hause und will weder nach draußen, noch mit Freunden in ein Café oder eine Disko gehen. Sie hat Liebeskummer und es geht ihr nicht gut. Sie hängt herum, isst nichts, langweilt sich und hört Musik. Sie mag sich nicht einmal anziehen oder zurechtmachen, sondern will einfach nur in Ruhe gelassen werden." **2.** ☐

„Das Chanson handelt von einer Frau, deren Freunde sie nicht in Ruhe lassen. Sie möchte nichts mit ihnen unternehmen, aber die Freunde fragen immer wieder nach. Sie sitzt zu Hause, weil sie mit ihrem Freund Schluss gemacht hat und jetzt erst einmal von ihm und den anderen in Ruhe gelassen werden möchte. Sie verbringt die Tage im Pyjama in ihrem Schlafzimmer, hört Musik, isst kaum etwas, fühlt sich aber wohl. Sie will einfach nur ihre Ruhe haben." **3.** ☐

Vis-à-Vis: Avis de recherche (Suchanzeige)

1. Combien de chansons en français ont gagné le Concours Eurovision de la Chanson?
2. Et en allemand?
3. Qui a composé la musique du Grand Prix Eurovision de la chanson?

Cherche ces informations sur Internet.

B *Travaillez à deux.*
Faites des recherches sur Internet.

Eurovision
SONG CONTEST

En forme

7 Concours de hip-hop

«à» ou «de» ou rien?

Lis le reportage sur le concours de hip-hop de Montpellier. Pénélope interroge Julien.
Mets la bonne préposition ou ne mets pas de préposition.

Pénélope: Julien, tu as réussi _à_ gagner ce grand concours de Montpellier. Est-ce que tu es content?

Julien: Oh oui, j'ai toujours rêvé ______ gagner un jour le concours de ma ville.

Pénélope: Pourquoi tu fais du hip hop?

Julien: Toute ma vie, j'ai eu envie ______ faire ça. Un jour, à douze ans, une amie m'a proposé ______ venir danser dans un club. Et là, j'ai pu ______ travailler mon style. Ensuite, on m'a proposé ______ participer à des concours. Au début, j'avais peur ______ chanter devant les autres.

Pénélope: Et aujourd'hui?

Julien: Maintenant, j'aime ______ danser devant les autres et j'ai envie ______ gagner tous les concours.

Parler

8 Une petite soirée à quatre (nach SB S. 120, Nr. 4)

Tu (A) es en France. Tu discutes avec ta corres Camille (B).
Ta copine Lara est aussi en France avec toi; sa corres s'appelle Séverine.
Décidez qui prend le rôle A (page 102) et le rôle B (page 103).
Utilisez les mots-clés pour faire des phrases complètes. Jouez la scène. Après, changez de rôle.

A	Toi
1.	A: *(commence)* on – faire – quelque chose – avec Lara et Séverine – ce soir?
2.	[Non, aujourd'hui, ça ne va pas. C'est jeudi j'ai encore des devoirs à faire et on a cours demain. J'aimerais mieux faire quelque chose samedi soir.]
3.	bon – idée; on – pouvoir – rencontrer – les autres – aller – une discothèque
4.	[Je pense que ce n'est pas possible. Ça risque de ne pas plaire aux parents de Séverine. Séverine n'a pas le droit de sortir après 8 heures du soir. C'est pourquoi ça ne sert à rien de demander.]
5.	mais – à mon avis – pas samedi normal; correspondante allemande – famille; est-ce que – on – ne – pouvoir – rien – faire?
6.	[Si. On peut proposer de passer une petite soirée à quatre.]
7.	oui – bon – idée; on – pouvoir – peut-être – manger ensemble – chez nous
8.	[Exactement! Et après, nous allons faire une soirée vidéo. Lara et Séverine vont dormir ici.]

(Ta photo)

En forme

9 Des journées difficiles (G 34) (nach SB S. 121, Nr. 5)

→ En plus S. 107, Nr. 3 △; S. 108, Nr. 4 △

*Fais des phrases. Attention à la bonne place de **rien** et de **personne**.*
Hier, en colonie de vacances, on a passé une journée difficile.

1. ne … rien | Clara | Au cours de hip-hop | a | fait

Au cours de hip-hop, Clara n'a rien fait.

2. ne … à personne | Tarek | A l'atelier théâtre | parlé | a

____

3. ne … rien | Malika | a | écrit | Au club d'écriture

____

4. ne … personne | A l'atelier photo | a | Saadi | aidé

____

Aujourd'hui, les problèmes continuent à la colonie.

5. ne … rien | les jeunes | Au club «vie de classe» | disent

____

6. ne … personne | il y a | Pour la course du 100 mètres

____

B	Ta corres Camille
1.	[Est-ce qu'on va faire quelque chose avec Lara et Séverine ce soir?]
2.	**B:** ne pas aller – aujourd'hui; jeudi – devoirs à faire – cours demain; aimer mieux faire – quelque chose – samedi soir
3.	[Oui, c'est une bonne idée. On peut rencontrer les autres et aller dans une discothèque.]
4.	penser – pas possible; risquer – pas plaire – parents de Séverine; Séverine – pas avoir le droit – sortir – après 8 heures du soir; c'est pourquoi – ne servir à rien – de demander
5.	[Mais, à mon avis, ce n'est pas un samedi normal. Il y a une corres allemande dans sa famille. Est-ce qu'on ne peut rien faire?]
6.	si; on – pouvoir – proposer – passer – petit – soirée à quatre
7.	[Oui, c'est une bonne idée. On peut peut-être manger ensemble chez nous.]
8.	exactement; après – faire – soirée vidéo; Lara et Séverine – dormir – ici

En forme

10 On sait ou on peut? (G 9, 10, 25) (nach SB S.121, Nr. 6)

*Complète avec les bonnes formes de **savoir** ou **pouvoir**.*

1. Clara, tu ne __________ pas m'aider? Je ne __________ pas comment faire les devoirs.

2. Léa et Gabriel __________ faire du hip-hop, mais ils ne __________ pas commencer sans la prof.

3. Je ne __________ pas si nous __________ jouer au foot ici.

4. Tu __________ où j'ai mis mon portable? Je ne __________ pas le trouver.
– Non, je ne __________ pas.

5. Nous ne __________ pas où aller pour le nouveau cours. Vous __________ nous aider?

6. Maman, nous ne __________ pas entrer! Nathalie ne __________ pas où elle a mis la clé!

Pratique: tâches

Lire

11 A propos des textes (nach SB S. 122, 123 et 125)

Dans la l'unité 8 de votre livre, on parle beaucoup de littérature.
Retrouvez les personnages, les romans, les auteurs ou le lecteur / la lectrice des livres.
Qui suis-je?

1. Je suis tout petit. On m'a trouvé à côté d'un jardin.

→ Je suis __________ du roman ______________________________ de ______________________ .

2. Nous sommes grands, très grands, trop grands. Nous vivons dans des pays de neige et de froid et nous faisons vivre des choses super géniales à un jeune garçon.

→ Nous sommes ______________________ dans le roman ______________________________ .

3. Je n'aimais pas beaucoup lire mais, un jour, j'ai lu un livre qui m'a ouvert les portes de la littérature.

→ Je suis __________ et j'ai lu le roman ______________________ d'______________________ .

4. On ne m'aime pas du tout. On a peur de moi. Je ne suis pas jolie et en plus on trouve mes vêtements moches. Quand tout va mal, on m'accuse toujours.

→ Je suis __________ dans le roman __________________ de ______________________ .

5. Quand j'étais petit, j'allais au marché avec mon père le dimanche matin. Quand il rencontrait des copains, je regardais des livres et je partais en voyage. C'est là que j'ai découvert la littérature.

→ Je suis ______________________ .

Parler

12 Pour préparer une présentation (nach SB S. 122, Teil B)

STRATEGIE

Für deine Präsentation ist ein „Spickzettel" hilfreich. Sieh beim Vortragen nur die Stichworte an. Falls du ins Stocken kommst, klappe das Blatt kurz auf und lies in deinen Sätzen nach. Notiere die Stichworte nur sehr knapp, z. B. Nomen ohne Artikel, Verben ohne Subjekt, Abkürzungen, Anfangsbuchstaben statt ganzer Namen.

Auch Symbole sind hilfreich, z. B.:

♥ aimer, sympathie — ϟ détester, problème

☺ heureux / content — ☹ triste / malheureux

→ le résultat est — ↔ contraire

Erfinde deine eigenen Symbole.

Besonders wichtige Formulierungen darfst du genau notieren (unregelmäßige Verbform, schwierige Redewendungen, …).

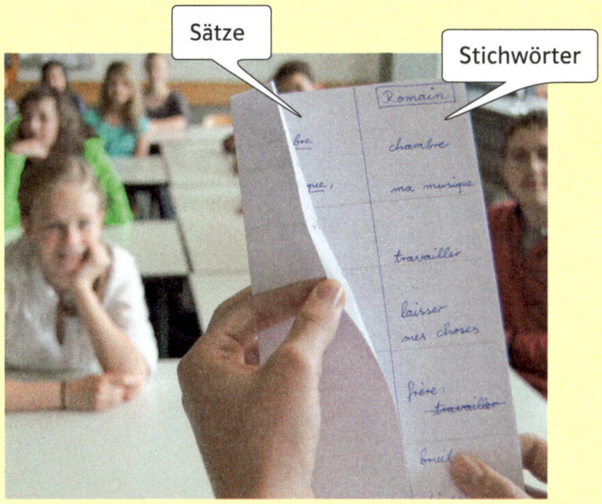

Voici des mots-clés et des symboles. Imagine les phrases complètes.

	- L ♥ F
	- F ϟ L; F ♥ T
	→ L ☹
	- F ne veut pas pousser L à bout
	→ restent amis

Ecrire

13 Après la lecture: imagine … (nach SB S. 122, Teil C)

Choisis une des tâches suivantes et écris un texte dans ton cahier.

Imagine …

1. … pourquoi Nejma fait une coupable idéale.
2. … comment la rencontre bouleversante va changer la vie d'Anatole.
3. △ … une rencontre qu'Odd va avoir pendant son voyage.

Avant de rédiger (verfassen) ton texte, tu peux faire un plan (Konzept). Utilise des mots-clés et des symboles.

Vis-à-Vis: Avis de recherche

En France, il y a beaucoup de prix littéraires. Un autre prix pour les jeunes, c'est le «Prix Goncourt des lycéens». Ce sont des lycéens qui choisissent le livre qui gagne le prix.

En Allemagne, il y a le «Prix des lycéens allemands». Qu'est-ce que c'est? Trouve des informations sur Internet. Quel livre a gagné le «Prix des lycéens allemands» cette année?

Die Lösungen findest du auf S. 117.

Bilan

1 Parler et écrire (nach SB S. 124, Nr. 3)

→ En plus S. 107, Nr. 1 △

Ich kann ein **Buch vorstellen** und **meine Meinung über ein Buch äußern**.

Tu as lu dans le catalogue Klett le résumé du livre «Colo en Auvergne» de Isolde Raisch.

> Sébastien und Julien verbringen unvergessliche Sommerferien in einem Ferienlager in der Auvergne. Nicht nur die Ausflüge in der beeindruckenden Vulkanlandschaft sind aufregend, sondern auch der geheimnisvolle Mann, den sie nachts im Wald beobachten. Sind die beiden Jungs womöglich einem gefährlichen Mörder auf der Spur? Spannende Kriminalgeschichte mit vielen farbigen Fotos.

Présente ce livre à ton correspondant français (titre, auteur, sujet). Imagine de quel genre de roman il s'agit (… um welche Art Roman es sich handelt). Imagine pourquoi tu aimes (ou pas) ce roman.

____

____

____

____

____

2 En forme (nach SB S. 124)

→ En plus S. 107, Nr. 2 △, 3 △; S. 108, Nr. 4 △

A Ich kann die Verben ***rire*** und ***croire*** verwenden.

1. Tu ________ que ce livre va plaire à Nathan? Quand je l'ai lu, j'ai beaucoup ________ .

2. Regarde, Emma ________ vraiment pour un oui ou pour un non.

3. J'ai ________ que vous ________ de moi.

4. – Mathis a l'air triste. Vous ________ qu'il a un chagrin d'amour?

5. – Non, nous ne le ________ pas.

6. Pourquoi est-ce que tes copines ________? Camille a fait une blague?

B Ich kann die Verneinung mit ***ne … rien*** und ***ne … personne*** verwenden.

1. Tu vois quelqu'un dans la cour? – Non, je ________________ dans la cour.

2. Tu cherches quelque chose? – Non, je ________________ .

3. Tu as trouvé quelque chose? – Non, je ________________ .

4. Tu as vu quelqu'un derrière la maison? – Non, je ________________ derrière la maison.

5. Tu veux dire quelque chose? – Non, je ________________ .

Die Lösungen findest du auf S. 117.

En plus: différenciation

Parler et écrire

1 Le temps des miracles

△ **A** *Blaise Fortune est un petit garçon que tout le monde appelle Koumaïl au Caucase. Il ne parlait que le russe quand il est arrivé en France à 12 ans. Anne-Laure Bondoux se souvient de sa vie à 7, 11 et 12 ans avec Gloria Bohême. Blaise Fortune répétait souvent: „jemapèlblèzfortunéjesuicitoyendelarépubliquedefrancecélapurvérité“ =*

____

B *Tu présentes ce livre et tu donnes ton avis. Relie les deux parties des phrases par une flèche.*

1. Le titre du livre,	Blaise et aussi Koumaïl.
2. L'auteure	parce qu'il donne du courage.
3. Le livre parle d'un garçon	s'appelle Anne-Laure Bondoux.
4. Le garçon s'appelle	c'est «Le temps des miracles».
5. Il est né	dans le Caucase.
6. Le livre me plaît	qui arrive en France à 12 ans et qui ne parle pas français.

En forme

2 «rire» et «croire»

△ **A** *Trouve les formes du verbe **rire** et ajoute les pronoms **je, elle, nous, vous, ils**.*

je/tu	SIR ris	________	EIRTN ________	________	ISR ________
________	TRI ________	________	ZEIR ________	________	NOSIR ________
				________	IA IR ________

B *Trouve les formes du verbe **croire** et ajoute les pronoms **je, tu, il, nous, vous, elles**.*

je/tu	SIOCR crois	________	OOYRCSN ________	________	TCNREOI ________
________	CORSI ________	________	TIRCO ________	________	ZCERYO ________
				________	IA RUC ________

En forme

3 «ne ... rien» et «ne ... personne»

△ **A** *Complète les phrases. Utilise **ne** ... **rien** et les verbes à droite.*

1. Chut! Je ______________________________ — entendre

2. Je suis désolé, mais je ______________________________ — pouvoir faire

3. Hier, en cours de maths, Magalie ______________________________ — comprendre

B *Complète les phrases. Utilise **ne ... personne** et les verbes à droite.*

1. Oh là là. Je ______________________________ ici. — connaître

2. Aujourd'hui, je ______________________________ — vouloir voir

3. Hier, au café, Magalie ______________________________ — rencontrer

En forme

4 Le bonheur, qu'est-ce que c'est?»

△ *Complète le texte.*

	Camille: Moi, je suis toujours heureuse quand je suis avec ma famille ou mes amis.
nie	Je _____ voudrais _______________ vivre seule.
überhaupt nicht	*Arthur:* Alors là, je _____ suis _______________________ d'accord. Des moments seuls,
niemand	ça peut faire du bien. Souvent, moi, je _____ veux vraiment voir _________________ .
überhaupt nicht	*Robin:* Moi, quand je _____ vais _________ bien _________________ , je fais du sport.
überhaupt nichts	*Gabin:* Faire du sport, ça _____ me dit _________________________
auch nicht	et je _____ aime _______________________ sortir.
nur	Pour être heureux, on _____ a ______ à lire un bon livre. C'est ça, le vrai bonheur!
nicht	*Louane:* Le bonheur, ça peut être tout ça. Mais tu _____ dois ________ toujours suivre
nur	les idées des autres, tu _____ as ______ à trouver ce qui est bon pour toi.

Ecouter et regarder

5 La carte postale

△ **A** *Ecoute la scène, puis réponds aux questions. Tu peux aussi regarder la vidéo.*

122

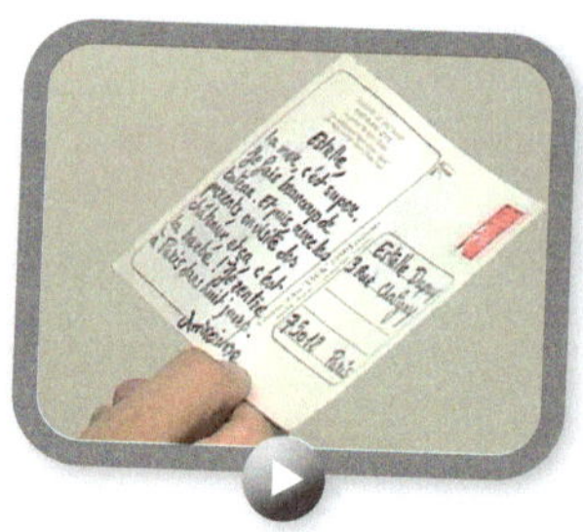

Quel est le problème principal (hauptsächliches Problem)?

1. d'Estelle? ______________________________

____

2. du père? ______________________________

____

____

3. d'Antoine? ______________________________

____

un château

B *Travaillez en groupe. Discutez: qu'est-ce qu'on peut faire pour avoir moins de problèmes en famille? Faites un plan pour présenter vos résultats en classe.*

Lösungen und Lösungsvorschläge

Mit dem Lösungsteil hast du die Super-Gelegenheit, SOFORT zu erkennen, ob du die richtige Lösung gefunden hast. Du brauchst deinen Lehrer nicht, du kannst selbst kontrollieren.
Damit du eigene Fehler erkennst, vergleiche sorgfältig, schaue sehr genau hin und unterstreiche die Fehler, die du gemacht hast, mit einem roten Stift. Benutze für deine Verbesserungen eine andere Farbe. So kannst du dir später immer noch einmal klarmachen, welche Fehler dir unterlaufen sind. Denn auch aus Fehlern lernt man natürlich.
Steht vor einer Lösung „Möglichkeit", so heißt dies, dass es noch andere Lösungen gibt. Deine Lösung kann also anders ausfallen und trotzdem richtig sein. Wenn du unsicher bist, zeige deine Lösung deiner Lehrerin oder deinem Lehrer.

Le jeu des monuments, S. 1, 2

A 1 client, train, chambre; **2** Bonjour, madame. Bonjour, monsieur. **3** Du kennst: un t-shirt, un chapeau, un pantalon, une robe, une casquette, un anorak, une basket, une chaussure, une chemise, un jean, une jupe, un pull(over), une veste.
4 Schlange, Biene; **5** verte, mauvaise, dernière, longue; **6** Am 14. Juli. Sie feiern den Beginn der französischen Revolution im Jahre 1789. **7** à droite, à gauche, tout droit, chez Marie; **8** mots-clés; **9** Bof!, D'accord!, Bien sûr! **10** Nein, die Wohnung hat zwei Schlafzimmer. Das allgemeine Wort für „Zimmer" ist „une pièce". **11** Quel temps fait-il à Toulouse? **12a)** Vielleicht kenne ich ein deutsches Wort, das ähnlich klingt. **b)** Vielleicht kenne ich ein englisches Wort, das ähnlich oder gleich geschrieben wird. **c)** Vielleicht erinnert mich das Wort an ein Wort in einer anderen Sprache, die ich kenne. **d)** Vielleicht kann ich das Wort aus dem Zusammenhang des Textes erschließen. **13** Ça coûte combien? / Ça fait combien? **14** Es wird absteigend / rückwärts gezählt. Man geht zunächst in die „6ᵉ" (sixième), dann in die „5ᵉ" (cinquième), anschließend in die „4ᵉ" (quatrième), zum Schluss in die „3ᵉ" (troisième). **15** Nous avons regardé la télé. **16** Je suis triste. **17b)** Immer zusammen mit dem Artikel. **18** un, deux, trois, quatre, cinq, six, sept, huit, neuf, dix; **19** Das für „wo" = „où". **20** tard, après.
B 1 Ça va?, Viens!, C'est trop nul!, Ah, bon? **2** Mit der „bise". **3** Du kennst: l'athlétisme, la danse, le foot(ball), la gymnastique, le judo, la natation, le rugby, le vélo. **4** Man kann im Vokabular nachschauen, dort steht die Lautschrift / stehen die Lautzeichen. **5** gris, vert, blanc, bleu, jaune, rouge, noir; **6** Am Rhein. **7** Chut!, Attention!, Aïe!, Zut! **8** maskulin: Blau, feminin: Rot. **9** J'ai … ans. **10** Man nennt nicht seinen Namen, sondern sagt nur „Oui" oder „Allô". **11** Il fait beau. **12** Ich brauche nicht wörtlich zu übersetzen, sondern gebe den Inhalt mit meinen eigenen Worten wieder. **13** Je voudrais un diabolo menthe, s'il vous plaît. **14** Es gibt nur eine Schulform, das „collège". **15** Non, nous n'avons pas travaillé. **16** Tu vas où? / Où est-ce que tu vas? **17c)** Immer zusammen mit der Ergänzung. **18** onze, douze, treize, quatorze, quinze, seize, dix-sept, dix-huit, dix-neuf, vingt; **19** Das für „sicher" = „sûr". **20** derrière, sous.

Un peu d'entraînement, S. 6

1. L'école

Dans la _cour_, je vais retrouver mon _copain / ami_ Mehdi et mes _copines / amies_ Marie et Alex. C'est sympa! Puis les _cours_ vont commencer. Dans la _salle de cours_, le _professeur_ va parler aux _élèves_. Au revoir, les _vacances_! J'aime bien être au _CDI_ et à la _cantine_, mais je n'aime pas les _devoirs_. Et j'adore la _récréation_!

2. Patrick est grand. Et Patricia?

Patricia est **2.** _toujours contente_, **3.** _sympa_, **4.** _une bonne élève_ et **5.** _une copine géniale_.

Unité 1

Unité 1, Bilan 1, S. 14

Julien 1: **Il est fatigué.** Julien 2: **Il est content.**
Julien 3: **Il est triste.** Julien 4: **Il est en colère.**

Unité 1, Bilan 2, S. 14

Möglichkeit: Elle s'appelle Lena Meyer-Landrut. Elle est née le 23 mai 1991. Elle a les cheveux bruns et les yeux marron. Elle est petite et jolie. Elle aime porter des jupes noires. Elle est chanteuse. En 2010, elle a gagné le «Grand Prix» avec la chanson «Satellite».

Unité 1, Bilan 3, S. 14

A: 1. Tu habites dans _quelle_ ville? 2. _Quels_ sont les noms de tes professeurs? 3. Vous avez regardé _quel_ film? 4. _Quelles_ couleurs est-ce que tu aimes?
B: 1. Mehdi connaît les profs _que_ la 5ᵉA va avoir. 2. Les élèves vont dans la salle 25 _où_ ils ont cours maintenant. 3. La prof _qu'_ ils vont avoir en histoire, c'est Mme Ducharme. 4. C'est une prof _qui_ donne des cours intéressants.
C: 1. A qui sont _ces_ livres et _ces_ photos? 2. On va chez Mehdi _cet_ après-midi? 3. On va au cinéma _ce_ soir. 4. J'aime bien _cette_ star du cinéma.

Unité 1, En plus 1, S. 15

2. La fille _qui_ parle à Alex, qui est-ce? 3. Ce sont des élèves de sixième _que_ je ne connais pas. 4. C'est quelqu'un _qui_ est vraiment cool. 5. Mais c'est une prof _qu'_ Alex trouve sympa. 6. Il est au CDI _où_ il cherche un livre.

Unité 1, En plus 2, S. 15

Statt „avoir les cheveux longs" (keine Farbe) z. B. „gris". Statt „avoir les yeux tristes" (keine Farbe) z. B. „bleus". Statt „porter un sac" (kein Kleidungsstück) z. B. „une robe". Statt „ressembler à Moustique" (keine Comicfigur) z. B. „Obélix". Statt „avoir l'air intéressant" (keine momentane Stimmung) z. B. „triste".

Unité 1, En plus 3, S. 15

2. Regarde la maison de mes grands-parents: _cette_ maison est super. 3. Et voilà notre petit groupe de copains: _ces_ garçons, ce sont Ahmed et Idris. 4. Et _ces_ filles, ce sont Yasmina et Loubna. 5. *Léo:* Et qui est _ce_ monsieur? 6. *Mehdi:* _Cet_ homme? C'est mon grand-père.
Antwort auf die Frage: Il parle de la maison de ses grands-parents.

Unité 1, En plus 4, S. 16

1. «Plus belle la vie», c'est la série _que_ je regarde toujours. 2. Vous ne _connaissez_ pas «Plus belle la vie» _que_ les fans appellent «PBLV»? 3. Je regarde _cette_ série à la télé du lundi au vendredi, à 8 heures 10. 4. C'est une série _qui_ raconte les histoires de Mirta, Blanche, Roland et de beaucoup d'autres gens. 5. _Ces_ personnes habitent et travaillent dans un quartier de Marseille. 6. Il y a Roland _qui_ travaille dans un café _qui_ s'appelle «Bar le Mistral» _où_ les gens aiment aller. 7. Mirta a un petit hôtel, «Le Select», et elle _sait_ tout sur les gens de _ce_ quartier. 8. J'adore _ces_ acteurs _qui_ jouent super bien! 9. Et _quelle_ série est-ce que tu aimes regarder, toi?

Unité 1, En plus 5, S. 16

A: La scène se passe **à la maison**. B: 1. La dame est **professeure**. 2. Maxime a envie de **faire du foot**. 3. A la fin, Maxime et Driss **font du foot**.

Un peu d'entraînement, S. 17

1. A Paris, mais où?

A: a Le Louvre; b Le quartier de La Défense; c La tour Eiffel; d Notre-Dame
B: von links nach rechts: b, c, a, d.

2. Un tour de Paris

A: Le bon ordre des phrases est: **6, 2, 1, 4, 5, 3**.
B: 2. visiter; 3. continuer; 4. manger; 5. chercher; 6. faire

Unité 2

Unité 2, Bilan 1, S. 26

1. Mehdi a pris **le métro**. 2. Il a perdu **sa classe**. 3. Il a appelé son professeur avec **le portable de Mme Cartier**.

Unité 2, Bilan 2, S. 26

A: 1. Je ne _vois_ rien. 2. Et vous, vous _voyez_ quelque chose? 3. Mais Alex et Léo _voient_ déjà la fin du couloir. 4. Oh, là, j'ai _vu_ un vampire! 5. Tu _as_ vraiment _vu_ un vampire? 6. Je n'_ai_ rien _vu_!
B: 1. Je _descends_ ici. Et toi? – Non, je ne _descends_ pas encore. 2. Jérôme _attend_ devant le cinéma? – Non, mais Clara et Lilou vont _attendre_ à la sortie du métro. 3. J'appelle les filles, mais elles ne _répondent_ pas. 4. Elles n'ont peut-être pas _entendu_ le téléphone. 5. Je pense que Lilou a _perdu_ son portable.

Unité 2, Bilan 3, S. 26

1. _D'abord_, j'ai _lu_ une BD. 2. _Puis_, j'_ai_ _écrit_ un courriel. 3. _Après_, j'_ai_ _appelé_ un copain. 4. _Enfin_, j'_ai_ _ouvert_ mon sac, j'_ai_ _pris_ un livre et j'_ai_ _fait_ mes devoirs.

Unité 2, En plus 1, S. 27
Gleiche Reime: dans l'appartement – un petit éléphant; dans la cour – une grande tour; dans la cuisine – Marie, ma copine; dans le lit – un taxi gris; dans le salon – beaucoup de bonbons; dans les souterrains – un très beau chien; sur les escaliers – des milliers de papiers.
Möglichkeit für das Gedicht: Je vois dans l'appartement / un petit éléphant. / Tu vois dans la cour / une grande tour. / Elle voit dans le lit / un taxi gris. / Nous voyons dans le salon / beaucoup de bonbons. / Vous voyez dans les souterrains / un très beau chien. / Ils voient dans les escaliers / des milliers de papiers. / Et puis j'ai vu dans la cuisine / Marie, ma copine.

Unité 2, En plus 3, S. 27
éoe = répondre, répond, répondu;
ee = perdre, perdons, perdu;
aee: attendre, attendez, attendu;
eee = entendre, entendent, entendu

Unité 2, En plus 4, S. 28
1. *Léo:* Qu' est-ce que vous pensez de Julien? 2. *Mehdi:* Je trouve que c'est un garçon qui est bizarre. 3. *Alex:* Je vois qu' il est seul. 4. *Marie:* Est-ce que vous savez pourquoi il est comme ça? 5. *Léo:* Je pense qu' il n'aime pas Paris, mais Pierre qui est de Strasbourg est heureux ici. 6. *Mehdi:* Non, mais je sais que sa mère a un nouveau copain et que son père est à Marseille. Voilà son histoire.

Unité 2, En plus 5, S. 28
A: 1. Marie raconte l'histoire à Simone.
2. Le portable de Marie tombe dans les égouts.
3. Marie appelle le bureau des égouts.
4. Dans les égouts, on a trouvé un sac avec des milliers d'euros.
B: **Möglichkeit:** Paris, le 15 novembre 2020
Chère Simone,
Tu vas bien? J'ai une histoire bizarre pour toi. J'ai perdu mon portable dans la rue quand j'ai joué avec des copains. J'ai cherché mais je n'ai rien trouvé. Alors, j'ai pensé qu'il est peut-être dans les égouts. J'ai appelé le bureau des égouts et j'ai tout raconté. Deux jours après, le bureau a téléphoné: dans les égouts, on n'a pas retrouvé mon portable, mais on a trouvé un sac avec des milliers d'euros. Qu'est-ce que tu penses de cette histoire? C'est vraiment bizarre, non?
Bises,
Marie

Unité 2, En plus 6, S. 28
Möglichkeit: Das Schild Nr. 1 zeigt, dass man sich in der Nähe von Notre-Dame befindet, rue St Michel (Ausgang 4)
Das Schild Nr. 2 zeigt, dass man auf die U4 oder die U12 umsteigen kann und dass sich der Ausgang Richtung Bvd du du Montparnasse links befindet.

Plateau 1

Plateau 1, Révisions 1, S. 30
Möglichkeit: Hier ein Beispiel für „Internet":
Qui dit Internet, dit ordinateur.
Qui dit ordinateur, dit jouer.
Qui dit jouer, dit gagner.
Qui dit gagner, dit perdre.
Qui dit perdre, dit triste.
Qui dit triste, dit ami.
Qui dit ami, dit parler.
Qui dit parler, dit chatter.
Alors, on chatte.

Plateau 1, Révisions 2, S. 30
1. Alex regarde la liste. Elle voit le nom de son amie. 2. – Tu as vu Julien? – Oui. Il regarde la télé. 3. – Ecoute, Léo! Tu entends un bruit? 4. Mais Léo n'entend rien. Il écoute un CD.

Un peu d'entraînement, S. 31

1. Après le sport
2. Mais Alexandra est fatiguée. 3. Les garçons aussi sont fatigués. 4. Marie et Clara ne sont pas fatiguées. 5. M. et Mme Chabane sont fatigués. 6. Malabar n'est pas fatigué.
An welches Satzglied wird das Adjektiv nach ***être*** angeglichen? An das Subjekt.

2. En cours
1. J'ai encore une question. 2. Je n'ai pas compris. 3. Est-ce que vous pouvez répéter, s'il vous plaît? 4. Qu'est-ce que c'est en allemand?

Unité 3

Unité 3, Bilan 1, S. 40
1. Je propose de faire du foot. – Moi, j'aimerais mieux faire du rugby. 2. Tu es d'accord pour aller au parc? – Non, ça ne me dit rien. 3. On se retrouve devant le collège? – Si tu veux.

Unité 3, Bilan 2, S. 40
1. *Mehdi:* Vous venez chez moi cet après-midi? 2. *Marie et Sacha:* Non, nous ne pouvons pas venir. Nous voulons aller à la bibliothèque. Mais, viens avec nous. Julien et Léo viennent

aussi. Ils veulent préparer un exposé. 3. *Mehdi:* Non, je ne peux pas venir. Mon frère veut faire le jeu vidéo avec moi.

Unité 3, Bilan 3, S. 40

1. Aujourd'hui, je suis arrivée au collège à huit heures moins dix. 2. D'abord, Marie et moi, nous sommes restées dans la cour. 3. Puis, Léo et moi, nous sommes allés dans la salle de M. Dubois. 4. A dix heures, les élèves sont descendus dans la cour pour la récréation. 5. A midi, Léo est venu avec moi à la cantine. 6. Après, tout le monde est rentré à la maison. *De quel jour parle Alex?* Elle parle du mercredi.

Unité 3, En plus 1, S. 41

Es passen zusammen: Damit kann ich nichts anfangen. – Ça ne me dit rien. / Wollen wir zusammen eine DVD anschauen? – Tu es d'accord pour regarder un DVD? / Wenn du willst. – Si tu veux. / Wollen wir zusammen arbeiten? – On travaille ensemble? / Das ist nicht mein Ding. – Ce n'est pas mon truc. / Gern. – Je veux bien. / Ich habe keine Lust zu arbeiten. – Je n'ai pas envie de travailler. / Ich würde lieber eine CD hören. – J'aimerais mieux écouter un CD.

Unité 3, En plus 2, S. 41

1. Les copains sont arrivés à 10 heures. 2. Marie et Alex sont tombées dans l'escalier. 3. Marie est allée à l'infirmerie. 4. Alex est rentrée à la maison. 5. Léo est resté dans la salle de cours.

Unité 3, En plus 3, S. 41

1 = Foto 3; 2 = Foto 2; 3 = Foto 5; 4 = Foto 1; 5 = Foto 4

Unité 3, En plus 4, S. 42

Möglichkeit: 2. Je suis allé au CDI. 3. Mes copains sont venus aussi. 4. J'ai expliqué: 5. Mes copains ne sont pas rentrés à la maison, ils sont restés avec moi au CDI. 6. On a discuté ensemble. 7. J'ai lu des livres, j'ai pris des notes, j'ai posé des questions à Marie, et nous avons cherché sur Internet, mais nous n'avons rien trouvé. 8. A 16 heures, Alex est arrivée. 9. Sur Internet, elle a trouvé un site avec des photos géniales. 10. Enfin, Marie et Alex sont rentrées avec moi à la maison … et avec un exposé super.

Unité 3, En plus 5, S. 42

Möglichkeit: Das Schild weist darauf hin, dass es hier eine Sporthalle gibt, kein Gymnasium.

Un peu d'entraînement, S. 43

1. Bon appétit!

A: Horizontalement: 2. CRÊPE; 3. FAIM; 6. TABLE; 9. CANTINE; 10. ORANGE; 11. FROID; 12. MANGER. Verticalement: 1. POMME; 4. BON; 5. PRENDRE; 7. CHAUD; 8. SOIF.
B: Lösungswort: DIABOLO MENTHE.

2. Vous aimez manger à la cantine?

A: 1. *Sacha:* Moi, j'aime les repas à la cantine. Je mange toujours avec le même copain. Mais j'ai un autre copain qui rentre toujours à la maison pour manger. 2. *Julien:* Moi, je trouve que ça fait une vraie pause quand on rentre à midi. A l' école, il y a des élèves qui font trop de bruit. Et souvent, on ne trouve pas de place là où on veut. Et puis, moi, j'adore les bons repas de maman!
B: **Möglichkeit:** Oui, j'aime les repas à la cantine. Les repas sont très bons. Je mange toujours avec mes copains. On discute des cours et des profs. Oder: Non, je n'aime pas manger à la cantine. Les repas ne sont pas toujours bons. Et quand je n'ai pas cours l'après-midi, je veux rentrer vite à la maison.

Unité 4

Unité 4, Bilan 1, S. 52

1. Ça fait combien? 2. Une baguette, s'il vous plaît. 3. Il a oublié la fourchette. 4. 1 = Entrée, 2 = Plat principal; 3 = Fromage; 4 = Dessert; 5. Je veux bien, merci.

Unité 4, Bilan 2, S. 52

A: Léo achète des tomates, de l'huile d'olive, du sucre et de la farine.
B: 1. Pour faire un diabolo menthe, il ne faut pas d'eau, mais il faut de la limonade. 2. Puis il faut mettre du sirop de menthe dans le verre. Mais il ne faut pas mettre d'alcool.
C: Pour faire des gaufres, il faut 80 g de beurre, 250 g de farine, 1/2 litre de lait, un peu de sel, 50 g de sucre en poudre et 3 œufs.

Unité 4, En plus 1, S. 53
A: M. Pirou aime 1. le saucisson, 2. la viande, 3. l'eau minérale, 4. les gaufres, 5. le chocolat et … les cadeaux, bien sûr.
B: Mme Pirou achète 1. du saucisson, 2. de la viande, 3. de l'eau minérale, 4. des gaufres, 5. du chocolat et … des cadeaux, bien sûr.
C: Oui, elle en achète 12 bouteilles.

Unité 4, En plus 2, S. 53
2. Tu me passes le pain, s'il te plaît? 3. Elles sont très bonnes! 4. Comme dessert, tu veux du gâteau ou des fruits? 5. Non merci, je n'ai plus faim. 6. Vous buvez une tasse de café?

Unité 4, En plus 3, S. 54
Möglichkeit:
Hier gibt es so viele verschiedene Möglichkeiten, dass auf die Angabe eines einzigen Modells verzichtet wird.

Unité 4, En plus 4, S. 54
1. Pour faire des crêpes, il faut de la farine, du lait, un peu de sel, du sucre et des œufs. 2. Schöpfkelle; 3. N'oubliez pas de laisser reposer la pâte avant de la cuire.

Unité 4, En plus 5, S. 54
Möglichkeit: En allemand, un «baiser», c'est comme un gâteau.

Plateau 2

Plateau 2, Révisions 1, S. 56
Die Fehler sind: Zeile 2: paions (richtig: payons); Zeile 3: préférent (préfèrent); Zeile 4: achetent (achètent); Zeile 5: mangons (mangeons); Zeile 6: appelent (appellent); Zeile 7: répete (répète); Zeile 8: commencons (commençons).

Plateau 2, Révisions 2, S. 56
1. Au marché, il y a du fromage, des fruits et beaucoup de légumes. 2. Clara achète une bouteille d'eau minérale, de la farine, des œufs et du sucre. 3. Clara aime / adore les crêpes. 4. Julien achète du pain et un gâteau. 5. Maintenant, nous avons faim et soif.

Plateau 2, DELF, S. 57
Um die DELF-Prüfung zu bestehen, musst du 50 Punkte oder mehr erzielen. Außerdem musst du in jeder Teilprüfung mindestens 5 Punkte erreicht haben. Überprüfe deine Antworten mit den Lösungen, trage rechts neben jeder Übung die erzielten Punkte ein und zähle sie für die 4 Prüfungsteile zusammen. Pro Prüfungsteil kannst du maximal 25 Punkte erhalten. Arbeite mit deinem Partner zusammen, in Zweifelsfällen fragst du deinen Lehrer. Am Ende gibt es keine Note wie im Unterricht.

1. Compréhension de l'oral (S. 57, 58)
Ex. 1: 1. Marc; 2. ses copains; 3. un exposé; 4. 16 h 15; Ex. 2: 1. 12 février; 2. des anoraks; 3. 3 €; 4. 24 rue de la Gare; Ex. 3: 1. élèves; 2. un film; 3. 62 95;
Ex. 4: Situation A = Dialogue n° 5;
Situation B = Dialogue n° 3;
Situation C = keine Entsprechung;
Situation D = Dialogue n° 1;
Situation E = Dialogue n° 4;
Situation F = Dialogue n° 2

2. Compréhension des écrits (S. 58–60)
Ex. 1: 1. 19; 2. 24 mars; 3. l'écologie; 4. CDI; Ex. 2: 1. une fête; 2. Allemagne; 3. (2 Aktivitäten nennen) – manger – regarder des photos / regarder des DVD; 4. – Laurent – Sandrine; Ex. 3: 1. Annonce n° 3; 2. Annonce n° 1; 3. Annonce n° 2; Ex. 4: 1. Le comité des fêtes; 2. (Le) samedi 6 juin; 3. 19; 4. 7 km; 5. 6 euros; 6. un grand pique-nique

3. Production écrite (S. 61)
Ex. 1: Hier musst du deine persönlichen Daten eingeben, aber eine Adresse in Belfort erfinden. Wie eine solche aussehen kann, siehst du an der Kopfzeile des Formulars, also zuerst die Hausnummer, dann der Name der Straße („rue / boulevard / avenue / quai + Name"), danach die Postleitzahl und schließlich der Name der Stadt. Die Einschreibezeit wird dir in der Arbeitsanweisung vorgegeben: «les deux premières semaines du mois de juillet». Mögliche Daten wäre also „du 4 au 15 juillet". Wichtig ist, dass du beim französischen Datum keinen Punkt setzt, „4. juillet" wäre falsch, richtig ist außer „4 juillet" auch „4 / 7" oder „4-7". Bei „premier" schreibt man „1er".
Die Wörter „taille" und „poids" kennst du noch nicht, das kann bei der DELF-Prüfung vorkommen. Dann versuche zu kombinieren oder rate einfach.

Ein Tipp: „taille“ wird in „cm“ angegeben, „poids“ in „kg“. Jetzt weißt du sicher, was die Wörter bedeuten.
Ex. 2: Nimm deine eigene E-Mail-Adresse oder erfinde eine für dich. Erfinde auch die E-Mail-Adresse deines frz. Freundes. Das Folgende hast du schon gelernt: Frz. E-Mail-Adressen enden auf „.fr“. Nach der Anrede steht ein Komma, danach fährst du in der neuen Zeile mit einem Großbuchstaben fort. Nach dem Gruß am Ende steht ebenfalls ein Komma, danach kommt nur noch der Name (ohne Possessivbegleiter!).
Zähle zum Schluss deine Wörter. Du solltest ungefähr 50 Wörter geschrieben haben. Die angegebene Lösung ist nur eine Möglichkeit. Vielleicht hast du es anders, aber doch richtig gemacht. Am besten zeigst du deine Lösung deiner Lehrerin oder deinem Lehrer.
Zur Punktevergabe: Jede Zeile bis zur Anrede und der Schluss ergeben jeweils einen Punkt. Für jedes geforderte Stichwort (ville, collège, copains, date de l'arrivée, différentes activités) soll eine Aussage gemacht und mit je 2 Punkten bewertet werden. Maximale Punktzahl: 15

Möglichkeit:
De: Spiderman.f@web.de
A: Lucas.97@orange.fr
Objet: Vacances en Allemagne
Salut Lucas,
Tu veux passer une semaine chez moi? Tu peux venir du 13 au 20 avril et tu peux aller à l'école avec moi. Notre village est très petit. Mes copains sont sympas!!! On va visiter Stuttgart et Freiburg, on peut aller à la piscine et faire du foot. Ça va être super!
A bientôt,
Felix

4. Production orale (S. 62)

A: Deine Vorstellung kannst du gut schriftlich vorbereiten, von deiner Lehrerin / deinem Lehrer korrigieren lassen und auswendig lernen. Dann gelingt dir der Einstieg in den mündlichen Teil leichter. Nimm für die Vorstellung die Leitfragen zur Hilfe.
Möglichkeit: Zu erwarten sind ca. 8 Sätze.
Je m'appelle Ben Hauser. J'ai 13 ans, mais je vais avoir 14 ans dans 3 semaines. J'habite à Buschhagen, c'est un petit village. Là, j'habite avec mes parents et mon frère Ken qui a 16 ans. J'aime le foot et le judo, mais je déteste le tennis. Le samedi, je joue au foot avec mes copains. A l'école, j'aime beaucoup la biologie. Notre prof de biologie est très sympa.

B: Bei den Fragen an den Prüfer solltest du nicht nur Entscheidungsfragen stellen, sondern auch Fragewörter benutzen. Dadurch erzielst du mehr Punkte. In der Vorbereitungszeit kannst du dir die wichtigsten Fragewörter („Qu'est-ce que? Quel? Combien? Où? Quand? Comment? Pourquoi?“) als Erinnerungshilfe aufschreiben.
Für jede Frage gibt es maximal 2 Punkte.
Möglichkeit: – Est-ce que vous aimez aller au ciné? Quel film est-ce que vous avez regardé / aimé?
- **Qu'est-ce que vous aimez visiter à Paris et pourquoi?**
- **Où est-ce que vous faites les courses? Qu'est-ce que vous achetez pour faire une fête?**
- **Qu'est-ce que vous avez aimé / vous aimez au collège? Pourquoi?**

C: Für das Rollenspiel schreibst du die wichtigsten Sätze / Entscheidungen in deiner Rolle stichwortartig auf. Beim Spiel musst du auf deinen Mitspieler hören und auf ihn reagieren. Wenn du etwas nicht verstanden hast, kannst du nachfragen: «Pardon, mais je n'ai pas compris. Répétez, s'il vous plaît.» / «Je n'ai pas compris le mot …». Generell wird der Prüfer langsam und deutlich mit dir sprechen.
Das Rollenspiel wird mit 0 bis 9 Punkten „benotet“.
Möglichkeit:
- **Bonjour, madame / monsieur. Je cherche un t-shirt. (Voilà nos t-shirts.)**
- **Vos t-shirts coûtent combien? (Cette semaine, ils coûtent 8 €.)**
- **J'aime le bleu et le noir. Je prends ce t-shirt. Il va bien avec mon pantalon. Et ce t-shirt noir est trop petit pour moi. (Bien. Et avec ça?)**
- **Je cherche aussi une casquette. (Nos casquettes coûtent 3 €.)**
- **Oh, c'est super. (Regarde. Il y a des casquettes noires, bleues et rouges.)**
- **J'aime beaucoup le rouge. (Oui, elle te va très bien. Et avec ça?)**
- **C'est tout. Ça fait combien? (Ça fait 11 €.)**
- **Voilà 20 €. (Merci. Et voilà les 9 €. Tu prends un sac?)**
- **Oui, s'il vous plaît. Merci et au revoir, madame / monsieur. (Au revoir.)**

Punkteverteilung:

Für alle 3 Teile wird bei der Bewertung mit berücksichtigt: Sind die Wörter richtig benutzt? Ist die Grammatik korrekt? Spricht der Prüfling deutlich und korrekt? Dabei können auch halbe Punkte vergeben werden.

Un peu d'entraînement, S. 63

1. Ici Radio France: quel temps fait-il?

A: Marseille: Sonne und 25 Grad;
Nice: 27 Grad und Sonne;
Arcachon: Sonne mit Wolken, 17 Grad und Wind.

B: 1. A Paris, il fait mauvais.
2. A Grenoble, il neige.
3. A Nîmes, il fait beau.
4. A Bordeaux, il y a du vent.
5. A Brest, il pleut.

2. Activités

2. Sacha écrit une lettre à sa grand-mère.
3. Lilou téléphone à sa copine.
4. Alex et Marie regardent la télé.
5. Carla présente sa sœur à son copain.

Unité 5

Unité 5, Bilan 1, S. 71

A: 1. Le Languedoc-Roussillon est dans le sud-ouest. 2. Skimboard? Oui. Athlétisme? Non. 3. Endroits: Pont du Gard; Montpellier, Carcassonne. 4. En été, il ne pleut presque jamais.

B: **Möglichkeit:** Hallo Frank,
im französischen Radio habe ich einen Werbespot über das Languedoc-Roussillon gehört. Die Region liegt im Südwesten Frankreichs, am Meer. Es gibt feine Sandstrände und schöne Marktplätze. Man kann Sehenswürdigkeiten besichtigen, z. B. den Pont du Gard, die Festung Carcassonne oder die Stadt Montpellier. Man kann Schifffahrten, Spaziergänge und viel Sport machen, z. B. Skimboard, Fußball, Volleyball und im Meer schwimmen. Das Wetter ist schön, es gibt viel Sonne und es regnet fast nie. Der Werbespot sagt, dass die Leute nett sind und dass man dort super Ferien verbringen kann.
Vielleicht interessieren dich diese Informationen :-).
Bis bald!
Moritz

Unité 5, Bilan 2, S. 71

1. M. Guibert dit qu'il y a un bouchon au péage. 2. Mme Guibert dit que c'est normal. 3. Alex trouve qu'il fait chaud. 4. Mme Guibert explique qu'il y a bientôt une aire de repos. 5. Jérôme demande si les sandwichs sont bons là-bas. 6. Alex veut savoir où sont les boissons.

Unité 5, En plus 1, S. 72

Möglichkeit: Elle écrit que ses parents et elle ont envie de passer leurs vacances dans le Languedoc-Roussillon, au bord de la mer. Elle explique qu'ils cherchent un hotel ou un gîte. Elle demande si l'office du tourisme a des adresses intéressantes. Elle demande aussi combien est-ce que ça coûte pour une semaine. Elle écrit qu'elle a 13 ans. Elle veut savoir quelles activités ils proposent. Elle dit merci pour la réponse.

Unité 5, En plus 2, S. 72

Quelles vacances d'été! Mes parents et moi, nous les avons passées à Leucate-Plage, dans un gîte. Génial. Je suis allée dans un club de plage où j'ai rencontré des filles et des garçons de mon âge. On a appris à faire du skimboard. Daniel, un prof de sport, nous a montré comment il faut faire. Il a pris les boards, il les a lancés, puis il nous a aidés à monter dessus. J'ai vite appris. Je ne t'ai pas encore envoyé mes photos, mais je vais le faire. Ces photos, je les ai prises sur la plage.

Unité 5, En plus 3, S. 72

Möglichkeit: 1. En Allemagne, devant les écoles, il y a souvent des élèves qui aident les autres élèves quand ils veulent traverser la rue. Ces élèves peuvent arrêter les voitures. 2. Quand on voit ça/cette flèche, on peut tourner à droite même quand c'est rouge. 3. Ici, il y a une sortie pour les voitures. On ne peut pas laisser sa voiture là, devant cette sortie. 4. C'est comme une rue, mais seulement pour les gens qui sont à pied ou pour les gens qui font du vélo. 5. Là, tu peux attendre si tu veux prendre le bus, par exemple pour aller en ville ou à l'école. 6. Là, on ne peut pas laisser sa voiture du lundi au samedi, de sept heures (sept heures du matin) à 19 heures (sept heures du soir).

Unité 5, En plus 4, S. 73

A: le pop

B: Vas-y DJ joue-moi ce que j'ai envie
On est là pour danser, on n'est pas fatigué
Collectif te fait danser toute la nuit
On est là, pour toi…
C'est pour ça,.... (3x)
Ça c'est la nouvelle danse
Allez marque le pas, un, deux, attrape tes cheveux et bouge la tête (2x)
Faut secouer, secouer,…
Il fait chaud
Collectif, la vie, si tu me suis
Sans limite toute l'année, on va bien profiter
Aime le collectif, bouge ton body

Un peu d'entraînement, S. 74

1. Au CDI

Dans notre CDI, il y a des ordinateurs. Nous pouvons travailler avec nos clés USB. Nous surfons sur Internet, nous chattons, écrivons des courriels ou écoutons de la musique. Au CDI, nous lisons aussi des livres, des journaux et des BD. Tu sais que moi, j'adore les dessinateurs des mangas. Pour moi, ce sont des vraies stars. Au CDI, on peut aussi regarder des films, bien sûr. Mais je préfère aller au cinéma.

2. Allô, maman?

1. Léa et Julien attendent le bus qui n'arrive pas. 2. Léa: Julien et moi, nous attendons le bus depuis 20 minutes. J'ai téléphoné à papa, mais il ne répond pas. 3. La mère de Léa: Papa ne peut pas te répondre. Hier, quand il est descendu du métro, il a perdu son portable. Ecoute, je viens vous chercher en voiture. Comme ça, vous ne perdez pas beaucoup de temps. Allô, allô, tu m'entends? 4. Léa: Oui, oui, je t'entends bien. Merci beaucoup, maman. On t'attend.

Unité 6

Unité 6, Bilan, S. 84

A: 1. *Florian:* Tu sors ce soir? 2. *Camille:* Non, en France, les enfants de 13 ans ne sortent pas seuls le samedi soir. Mais souvent une copine dort chez moi. Alors là, le dimanche matin, nous ne sortons pas du lit avant 10 heures. 3. *Florian:* Et après, vous partez faire un tour dans le quartier? 4. *Camille:* Non, souvent, je reste avec mes parents. Dimanche dernier, je n'ai pas dormi longtemps. Mes parents et moi, nous sommes partis au marché aux puces, à Paris.

B: 1. *Camille:* Et là, j'ai trouvé une nouvelle robe pour moi, elle est vieille bien sûr, mais très belle. J'aime les vieux vêtements au marché aux puces. 2. Après, nous sommes allés chez des amis de mes parents. Ils ont quitté leur vieil appartement et ils ont trouvé un bel appartement pas loin de la tour Eiffel. Leur nouvel appartement est vraiment très beau. J'ai pris une photo avec mon nouveau portable. Je t'envoie la photo par MMS.

C: 1. *Camille:* A propos, tu as reçu mon dernier courriel? 2. *Florian:* Non, j'ai un problème avec mon ordinateur. J'ai dû demander à mon frère de m'aider, mais il n'a pas pu. Qu'est-ce que tu as écrit? 3. *Camille:* Ecoute, une copine et moi, nous devons faire un exposé sur l'Allemagne. Nous recevons des informations de notre prof, bien sûr. Mais tu peux peut-être nous aider. 4. *Florian:* Ecoute, mon père doit aller à Hambourg demain. Je vais utiliser son ordinateur. Tu vas recevoir une réponse à tes questions demain. *Camille:* A demain alors. Et merci!

Un peu d'entraînement, S. 85

1. Qu'est-ce qu'on fait?

Möglichkeit: – Tu as envie de faire du foot? – Non, j'aimerais mieux jouer aux cartes. – Bof! Alors, je te propose d'écouter des CD. – D'accord pour écouter des CD. – Et après, on va à la piscine. – Je veux bien.

2. A l'atelier de théâtre

1. – Oh, mon texte, je ne le sais plus. Mme Arnaud, vous me donnez le livre? – Oh, toi et tes textes! Tu les as appris ou pas? 2. – Oui, oui … Ah, je sais: «Ma chérie, je t'aime et je vais toujours t'aimer!» – Mais quand tu dis ça à Joséphine, tu dois la regarder!!! 3. – Je sais, Mme Arnaud et Joséphine, je vous énerve. Je suis un mauvais acteur. – Mais non, tu ne nous énerves pas. Allez, encore une fois …

Unité 7

Unité 7, Bilan 1, S. 93

A: 1. A mon avis, tu as raison. 2. Ne t'en fais pas, ce n'est pas grave. 3. La raison, c'est que c'est trop cher. 4. Je suis désolé (= männlich) / désolée (= weiblich), mais je ne peux rien faire. 5. Je propose de téléphoner à une de tes amies.

B: Satz 1 = Szene 3; Satz 2 = Szene 1; Satz 3 = Szene 5; Satz 4 = Szene 4; Satz 5 = Szene 2

Unité 7, Bilan 2, S. 93

A: 1. Quand est-ce que tes cours finissent ce soir? 2. Mme Vitevite dit que nous avons bien réussi l'interrogation. 3. Alors, tu viens au cinéma avec moi? Aujourd'hui ou demain? Choisis. 4. Attends, je réfléchis: oui, demain soir, ça va. Je viens avec Zoé. 5. Alors, vous regardez le programme et vous choisissez un film.

B: 1. Téléphoner à Mehdi? Non, je ne lui téléphone plus: il ne répond jamais. 2. Expliquer l'exercice de maths aux copains? Ah non, je ne leur explique plus rien: ils n'écoutent pas. 3. Proposer une activité à mon amie? Non, quand je lui propose quelque chose, elle me dit toujours non.

C: 1. Toute ma famille fait du sport.
2. Je fais du judo tous les mardis et jeudis.
3. Et souvent aussi tout le week-end.
4. Le sport, c'est bien après toutes ces heures de cours.

Unité 7, Bilan 3, S. 94

C'ét ait les vacances. Nous étions en Bretagne. Tous les jours, il fais ait beau et nous pouv ions donc nous baigner. Moi, j'ador ais la mer mais Julia dis ait toujours que l'eau ét ait trop froide. Le soir, nous nous promen ions sur la plage.

Unité 7, Bilan 4, S. 94

Les Deschamps partent pour La Rochelle. Laura dit: "Je suis plus vieille que Marc, alors je monte devant. » « je suis peut-être moins vieille que toi, mais je suis plus grande et je connais la route », répond son frère. Le père est en colère: « Montez tous les deux derrière, vous êtes aussi fous que notre chien.

Unité 7, En plus 1, S. 95

1. Oui papa, je lui ai demandé. **2.** Non papa, je ne lui explique pas l'exercice de géo.
3. Oui papa, je vais leur écrire. **4.** Non papa, je ne veux pas lui montrer mon bulletin.
5. Mais oui papa, je leur téléphone ce soir.

Unité 7, En plus 2, S. 95

A: Möglichkeit: Quelle est votre activité préférée?
B: Person 1: Theater, Musik hören/Konzert, Kino; **Person 2:** Ausgehen, Konzert; **Person 3:** Fragezeichen, sie spricht kein Französisch; **Person 4:** Fußball spielen, Klettern
C: Möglichkeit: Mon activité préférée, c'est faire du judo parce que je gagne toujours.

Unité 7, En plus 3, S. 95

Estelle et Jamel sont devant ~~**de**~~ le cinéma sur les Champs-Elysées. Ils attendent leur copine Sarah qui est toujours ~~**arrive**~~ en retard. Jamel est en colère et veut partir, mais Estelle lui dit d'attendre encore ~~**plus**~~ 5 minutes. Elle sait que ~~**leur**~~ copine a des petits problèmes avec ses parents et qu'elle va **leur** bientôt arriver. Quelques minutes plus tard, Sarah arrive ~~**trop**~~ enfin. „Salut tout le monde. Vous n'avez pas encore acheté les tickets? Le film va ~~**aller**~~ commencer dans deux minutes."

Unité 8

Unité 8, Bilan 2, S. 106

A.
1. crois
2. rit
3. cru/riiez
4. croyez
5. croyons
6. rient
B.
1. ne vois personne
2. ne cherche rien
3. n'ai rien trouvé
4. n'ai vu personne
5. ne veux rien

Unité 8, En plus 1, S. 107

A. „Je m'appelle Blaise Fortune et je suis citoyen de la République de France. C'est la pure vérité!"
B.
1. Le titre du livre, → c'est le temps des miracles.
2. L'auteure → s'appelle Anne-Laure Bondoux.
3. Le livre parle d'un garçon → qui arrive en France à 12 ans et qui ne parle pas français.
4. Le garçon s'appelle → Blaise et aussi Koumaïl.
5. Il est né → dans le Caucase.
6. Le livre me plaît → parce qu'il donne du courage.

Unité 8, En plus 2, S. 107

A. je/tu RIS/Ils/elles RIENT/je/tu RIS
Il/elle RIT/Vous RIEZ/Nous RIONS
J'AI RI

B. je/tu CROIS/Nous CROYONS/Ils/elles CROIENT
Je/tu CROIS/Il/elle CROIT/Vous CROYEZ
J'AI CRU

Unité 8, En plus 3, S. 107

A. 1. Chut! Je n'entends rien! 2. je suis désolé, mais je ne peux rien faire! 3. Hier, en cours de maths, Magalie n'a rien compris.
B. 1. Oh là là. Je ne connais personne ici. 2. Aujourd'hui, je ne veux voir personne. 3. Hier, au café, Magalie n'a rencontré personne.

rack Audio)
16
17
18
19
20
21
22
23
24
25
26
27
28
29
30
31
32
33
34
35
36
37
38
39
40
41
42
43
44
45
46

ch
t
2.